60세
이상만
고용
합니다

노인 고용 기업
가토제작소의
착한 노동
프로젝트

60세
이상만
고용
합니다

가토 게이지 지음 · 이수경 옮김

북카라반
CARAVAN

노인 한 사람이 죽는 것은

도서관 하나가 불타 없어지는 것과 같다.

✝

아프리카 작가, 아마두 앙파데바Amadou Hampâté Bâ

우리나라도 초고령 사회를 향해 질주하고 있다. 저출산 시대에 고령 인력은 귀중한 자원이다. 평생 현역으로 일하시는 분들은 경제적 자립을 이룰 뿐만 아니라 사회 활동을 통해 건강과 활력 있는 노후 생활을 할 수 있다. 가토제작소의 이야기는 100세 시대에 우리 사회가 어떻게 해야 하는지 잘 보여주는 사례다.

● 박용주(한국노인인력개발원 원장)

"60대도 청년이다"라는 말이 의미심장하다. 어제까지 직장에서 열심히 일하던 사람이 내일부터 정년이라 일을 할 수 없다는 것은 사회적으로 음울한 풍경이다. 초고령 사회를 극복하는 길은 노인 일자리 창출을 통해 숙련공의 기술을 젊은이들에게 전수하고 60세 이상의 노인들에게 일하는 기쁨을 주는 길뿐이다.

● 선대인(선대인경제연구소 소장)

고령화로 숙련공의 지식과 기술이 사라지고 있다. 이 문제를 하기 위해 실버 직원 채용을 고민하는 기업주가 있다면, 이 책이 생생한 매뉴얼이 될 것이다. 실버 직원 채용에서부터 교육과 정착에 이르기까지 다양한 문제와 그 해결책이 이 책에 그대로 녹아 있다. 무엇보다도 직원들을 진정한 주인으로 대하는 가토 게이지 사장의 진심에 가슴 뭉클해질 것이다.

● 김동엽(미래에셋 은퇴연구소 교육센터장)

노인 고용을 통해 '착한 노동 프로젝트'를 실천한 가토제작소의 실험은 자본주의 사회에서 꼭 필요한 대안이다. 불평등 문제가 회자되고 있는 이 시점에서 노동자와 기업, 더불어 지역경제 발전에 큰 도움을 주는 실험은 불평등 사회를 해소하는 방안이 된다. "60세 이상만 고용합니다." 우리 회사의 모토이기도 한 이 채용 공고가 앞으로 우리 사회에도 여기저기 붙는 날을 기대해본다.

● 조영두(고령자친화기업 '에이지펫' 대표 겸 대한노인회 반려동물사업단장)

누구도 피해갈 수 없는 게 노년의 문제다. 개인적·사회적으로 부담이 되어 걱정만 할 뿐 뾰쪽한 해결책이 없어 보인다. 고령화 문제를 분배나 복지로 해결하기에는 우리 사회의 경제적 여력이 한참 부족하다. 자칫 제로섬게임이 되기 쉽다. 저출산과 맞물려 있기 때문이다. 윈윈하는 창조적 해법이 나왔다. "60세 이상만 고용합니다"가 답이다. 이 책은 그런 답을 주고 있다.

● 임석재(이화여자대학교 건축학과 교수)

일을 한다는 것은 무엇인가?

내가 노인 고용에 관한 책을 쓰겠다고 결심한 계기는 부모님의 존재였다. 현재 84세인 아버지와 81세인 어머니는 지금도 하루도 빠짐없이 출근하신다. 일을 마치고 두 분이 사이좋게 택시를 타고 집에 가는 뒷모습을 보면서 두 분이야말로 실버 직원의 대표상이며, 내가 지금까지 노인 고용을 계속할 수 있었던 것도 직원들의 힘과 부모님 덕분이라는 사실을 새삼 깨달았다.

지금의 회사로 성장시키고, 이 자리까지 이끌어온 노력과 노고는 이만저만이 아니었을 것이다. 두 분이 건강할 때 조금이라도 그 은혜에 보답하고 싶은 마음에 책을 쓰게 되었다. 물론 가토제작소의 노인 고용 시도가 앞으로 닥쳐올 초고령 사회에 많은 참고가 될 것이라는 믿음과 열심히 일해준 실버 직원과 현역 직원들에게 감사하는 마음도 전하고 싶었다.

나는 매주 주말을 활용해서 부지런히 글을 써나갔다. 몇 번씩 똑같은 소리를 되풀이하고 독선적인 문장이 되어서 좀처럼 만족스럽지는 않지만, 책을 좋아하는 아내를 비롯해 많은 분의 도움으로 그럭저럭 마무리할 수 있었다. 그리고 그 과정에서 나는 새삼스레 '생각'의 중요성을 실감했다.

내가 존경하는 경영자 중 한 사람인 일본전산의 나가모리 시게노부永守重信는 '즉시, 반드시, 될 때까지 한다', '정열, 열의, 집념'을 경영의 기본으로 꼽는다. 된다고 믿고, 될 때까지 꾸준히 하는 것이 성공의 가장 큰 비결이다. 앞으로도 하나하나 꿈을 향해서 끊임없이 도전하고 싶다.

나는 노인 고용을 통해서 '일한다는 것은?', '산다는 것은?'이라는 큰 명제의 답을 일하는 실버 직원들에게서 배웠다. 우리 인간에게 일한다는 것이 얼마나 고귀하고 가치 있는 일인지 마음 깊이 실감할 수 있었다.

막연하게 시작한 노인 고용이지만 많은 돈을 들일 수 없는 만큼 다양한 궁리를 짜내고, 실버 직원들과 손을 맞잡고 만들어냈다. 특별한 건 없고 그저 한 중소기업의 좋은 사례일 뿐이라고 생각한다. 그러니 이 책을 읽고 독자들도 이 정도라면 우리도 할 수 있겠다고 한 걸음 내딛게 된다면 뜻밖의 기쁨이겠다. 앞으로 우리가 도울 일이 있다면 공장 견학을 비롯해 무엇이든 편하게 부탁하기 바란다.

아름다운 별의 반짝임을 받아

복이 집안으로 들어오길

가토 게이지

차례

제1장
주말에는
일을 합니다

제2장
60세에
숙련공이 되다

제3장
노인을
고용한다는 것

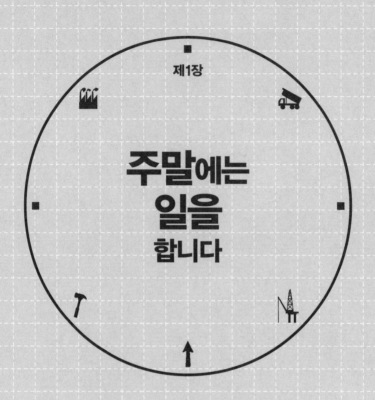

제1장

주말에는
일을
합니다

의욕 있는 사람 구합니다,
단 60세 이상만

지금부터 소개하는 것은 가토제작소에서 일하는 실버 직원들의 이야기다. 12년 전, 우리 회사에서는 60세 이상의 고령자를 대상으로 한 시간제 근무자를 모집했다. 처음 15명이던 실버 직원은 어느덧 50명이 넘어 지금은 전체 직원의 절반을 차지하기에 이르렀다. 실버 직원의 이야기를 읽고 혹시 미화한 것은 아닐까 생각하는 독자들도 있을지 모른다. 하지만 틀림없는 실버 직원의 '진짜' 이야기다. 우리 회사를 알려면 그들의 목소리를 듣는 것이 낫다.

2001년 봄, '의욕 있는 사람 구합니다. 남녀 불문. 단, 나이 제한 있음. 60세 이상인 분만'이라고 빨간 글씨로 커다랗게 쓴 구인 광고를 보고 회사를 찾아온 분이 있었다. 마쓰이 하쓰코 (74세). 중학교 졸업과 동시에 대기업 철공소에 취직한 뒤, 자동차부품 회사를 거쳐 이 지역 회사에서 12년 동안 플라스틱 가공 업무를 맡아서 일했다. 그녀가 고생을 마다 않고 일하면서 느낀 것은 성취감이었다고 한다. 은퇴를 할 때만 해도 마음 편히 넉넉하게 생활할 수 있을 줄 알았지만, 뜻밖에도 몸은 둔해지고 생활도 빠듯했다. 그러던 중, 마침 눈에 띈 것이 신문지 사이에 끼어 있던 우리 회사의 직원 모집 광고지였다.

"나는요, 일하는 것에 아무런 주저함도 없어요. 그래서 당장 면접을 보아야겠다고 생각했지요. 처음에는 한 1년 정도만 해보자며 가벼운 마음으로 시작했는데, 벌써 10년이나 흘렀네요.(웃음) 지금은 일하는 게 사는 낙이에요. 나 같은 노인네를 써주는 회사를 만난 게 행운이지요. 일하러 가는 게 얼마나 행복한지 몰라요."

근무시간은 일주일에 4일, 오전 9시부터 오후 4시까지다. 많으면 한 달에 21일 출근할 때도 있다. 회사에서 자동차로

20분 정도 떨어진, 죽순 산지로 유명한 세토瀬戸 지구에서 손수 운전해서 출퇴근한다.

"일을 하면 생활에 리듬이 생겨요. 아침 5시에 일어나서 빨래를 하고, 남편과 아이들 것까지 포함해서 도시락을 4개나 준비합니다."

요리를 잘해서 손수 만든 장아찌나 특제 된장, 가을에는 밤을 넣어 만든 빵도 잊지 않고 챙겨넣는다. 원래 손끝이 야무져서 수예도 좋아한다. 유리구슬로 만든 휴대전화 액세서리를 내밀며 "이것도 내가 만든 거예요. 레이스 테이블보 같은 것도 거의 다 만들어요"라며 소녀처럼 눈을 빛내며 자랑스럽게 이야기한다.

"성격이 굉장히 꼼꼼한데, 이 성격이 작업할 때 많은 도움이 됩니다."

그녀는 탭(구멍 안쪽에 암나사의 나삿니를 내는 공구)으로 나사 구멍을 가공하거나, 나사를 풀거나, 테이프를 붙이는 등 주로 미쓰비시전기의 전화電化 제품 일부분을 담당한다.

"물건마다 다른 부품을 쓰기 때문에 처음에는 실수할까봐 걱정했지만, 이제는 익숙해져서 거의 실수가 없답니다. 지금은 어떻게 하면 작업을 좀더 빨리 할 수 있을까, 이것이 제 과제에요."

그녀는 어려서부터 몸을 움직이는 것을 좋아했다. 운동에도 소질이 있어서 학창 시절에는 소프트볼, 육상, 수영을 잘했고, 그중에서 특히 육상은 여자 단거리선수로 전교 1등이었다. "남한테 지는 걸 무척 싫어해요. 그래서 일도 젊은 사람하고 똑같이 열심히 하고 싶어요"라며 의지를 불태운다.

"작업장에서도 나는 74세이고 너는 46세이지만 지고 싶지 않다는 마음으로 일해요. 그러니까 너도 나한테 지지 않겠다는 각오로 일하라고 젊은 사람들한테 분명하게 말하죠."

이는 애정을 표현하는 그녀만의 방식이다. 아침 체조도 열심히 해서 젊은 직원들에게 자극을 준다.

"체조를 할 거면 제대로 하라, 체조는 다른 사람을 위해서가 아니라 나 자신을 위해서 하는 거라고 말해요. 아침 인사도 중요합니다. 저는 '안녕하세요!'라고 큰 소리로 인사해요. 웃는 얼굴로 지내면 상대방도 기분이 좋겠죠?"

애칭은 하쓰 짱. 직장 동료들이 친근하게 불러주는 애칭에서 그녀의 인품을 엿볼 수 있다. 이렇듯 따뜻한 직장이지만 처음부터 소통이 잘 되었던 것은 아니다.

"동료 중에 직장을 그만둔 사람도 있어요. 인간관계가 힘

"지금은 일하는 게 사는 낙이에요"라고
말하는 마쓰이 하쓰코.

들어서 고민하고 울고, 그런 사람도 있었죠. 그래서 어느 날 사
장님한테 직접 말했어요. 직원들의 의견을 들어달라고요."

동료가 어려움에 처했을 때, 누구보다 먼저 손을 내민 것도
그녀였다. 그 덕분에 직장 분위기는 몰라보게 개선되었다.

의욕 있는 사람 구합니다. 남녀 불문.
단, 나이 제한 있음. 60세 이상인 분만.

- 근무일 : 토요일 · 일요일 · 공휴일(설날 · 추석은 쉼)
- 근무시간 : 오전 8시부터 오후 5시 사이에 4시간 이상 일할 수 있는 분
- 시급 : 800엔 이상
- 업무 내용 : 간단한 조립 작업, NC기 오퍼레이터 등(자격은 특별히 필요 없음.
  지금도 시간제로 일하시는 분이 주로 하는 일)

가토제작소는 1996년 안전 면에서 기후 노동기준국장 우량상과 1997년 동同
국장공로상을 수상한 안전을 최우선으로 하는 직장입니다.
먼저 전화주세요. 뒷면의 신청 용지를 기입해서 응모해주십시오.
자세한 이야기는 면접에서.

㈜ 가토제작소

우) 508-0011 나카쓰가와시 고마바 447번지 5
TEL. 0573-65-4175 FAX. 0573-65-4177
담당자 : 가토 · 가스카이

"2050년이 되면 젊은이 한 사람이 노인 네 사람을 먹여 살리는 사회가 된다!" 이런 통계를 볼 때마다 생각하는 것이 있습니다. 앞으로 고령화 사회는 불가항력이라는 점입니다. 이제는 젊은이 몇 명이 노인 몇 명을 책임진다는 사고방식 자체를 바꾸어야 하지 않을까요? 나이와 세대, 성별 따위와 상관없이 사회는 다 같이 참여하고 서로 협력하는 곳입니다. 우리가 사는 사회는 지금까지 나이가 많다는 이유로 일하고자 하는 노인을 주눅 들게 만들지 않았나요? 실제로 우리 사회는 충분한 고용의 장場을 노인들에게 제공했을까요? 가토제작소는 지금도 직원 중 25퍼센트가 60세 이상의 노인이고, 그분들은 열심히 현역으로 회사와 사회에 공헌하고 있습니다. 이렇게 갈고닦은 경험을 토대로 2001년 4월부터 새로운 시스템을 도입해서 가동하고자 합니다. 월요일부터 금요일까지는 지금까지 하던 대로 현역 직원이 일하고, 토요일과 일요일은 실버 세대가 중심이 되어서 일하면 어떨까 하는 구상입니다. 물론 연금은 지금까지 받던 대로 수령할 수 있습니다. 이런 사고가 서서히 사회에 정착된다면 노인에게는 더 나은 수입과 삶의 보람을 제공할 수 있을 것이고, 우리 공장도 가동률이 높아져서 큰 도움이 될 것입니다. 더욱이 실버 세대가 다양한 세대와 교류하면 서로 귀중한 경험과 체험을 나눌 수 있어 우리 회사는 물론이고 사회에도 틀림없이 유익할 것입니다.

앞으로 우리 사회에 예상되는, 저출산으로 인한 노동력 부족 현상에도 일하고자 하는 실버 세대는 적잖은 보탬이 될 것입니다. 이런 사회가 실현되기를 기원하며, 가토제작소는 그 일에 앞장서고 싶습니다. IT 혁명이 아무리 세상을 바꾼다고 해도 노인을 공경하지 않는 사회에 미래는 있을 수 없습니다.

주말은 우리에게 평일

노인이 일하는 것은
불행이 아니라 다행이다

후나토 슈이치는 10년 전쯤, 고등학교 졸업 후 줄곧 일하던 건축회사를 그만두었다. 불황의 충격은 건축업계도 예외가 아니어서 그는 정년을 2년 남기고 부득이하게 퇴사할 수밖에 없었다. 그 후에도 초조한 마음으로 건축 관련 일을 알아보던 그는 가족에게 이런 말을 들었다고 한다.

"하루는 '아버지, 이제 지붕이 있는 곳에서 일하시면 어때요? 현장감독은 여름에는 뜨거운 햇볕 아래서 일해야 하고, 겨울에는 한데서 일해야 하잖아요. 날씨의 영향을 많이 받으니까요'라고 말하더군요. 아무래도 가족들은 그 점이 마음에 걸렸던 모양입니다."

가족의 따뜻한 마음을 생각해서 직업의 범위를 넓혀서 찾은 끝에 자동차 수리공장에서 일할 수 있었다. 그곳에서는 부품 조달 업무를 맡았고, 때로는 자동차 검사 수납도 보았다.

"지붕 있는 곳에서 하는 일이었지만, 업무는 솔직히 힘들었습니다. 인간관계라는 면에서 좀⋯⋯."

재직 중의 이야기를 화제로 삼자 쾌활하던 표정에 그늘이졌다. 그래도 그는 5년 동안 일했다. 자동차 수리공장을 그만둔 무렵에는 연금이 나왔기 때문에 애써 일을 찾지는 않았다.

"집에서 밭이나 가꾸면서 느긋하게 일거리를 찾아보려고 했어요. 그런데 반년쯤 지나니 바지가 안 맞더라고요. 살이 쪄서요."

안 되겠다 싶어서 다시 찾아간 헬로워크HelloWork(일본 공공직업안정소의 애칭)에서 그의 눈길을 사로잡은 것이 가토제작소의 직원 모집 광고였다. 우리 회사 외에도 일할 수 있는 곳은 더 있었지만, 컴퓨터가 필수라든지 경험자를 우대하는 등 취업 문은 생각보다 좁았다. 그에 비해 우리 회사의 채용 조건은 오직 60세 이상뿐. 그는 생산라인에서 일하는 것에도 전혀 거부감이 없었고, 오히려 예전부터 관심이 있었다고 한다.

"건축회사에서 일하던 시절, 공장을 신축하고 수리하고 개선하는 영선공사營繕工事도 했습니다. 그러면 작업을 공장 내에서 하기 때문에 그곳에서 일하는 사람들을 볼 수 있었죠. 상당히 흥미로워서 나도 한번 해보고 싶었습니다."

63세부터 일하기 시작해 어느덧 만 6년이 되었다. 다루는 소재를 목재에서 금속으로 바꾸고, 금속판에 정한 모양으로 구멍을 내는 터릿펀치프레스turret punch press(프레스 기계의 일종. 모양이 다른 다수의 금형을 원형 또는 부채 모양의 '터릿'이라 부르는 금형 폴더에 배치하고 NC 제어로 재료의 소정의 위치에 소정의 펀칭과 성형 가공을 행한다. 다품종 소량 생산에 적합하다)에 도전한 것이 어제 일인 양 생각에 잠긴다.

"철판 하나로 부품 하나를 만들 때도 있고, 큰 철판으로 부품 여러 개를 찍어낼 때도 있습니다. 내가 만들어내는 부품은 완제품의 일부분이니까 '앞으로 어떤 모양이 될까?', '누가 사용할까?' 이런 생각을 하지요. 목재에 옹이가 있듯이 인공으로 만든 금속도 가로에서 뽑은 것과 세로에서 뽑은 것은 신축이 다릅니다. 사물을 보는 눈이 훨씬 달라졌어요."

지금은 프로그래밍이나 금형 교체도 직접 할 수 있게 되었고, 갓 들어온 신입 사원을 가르칠 정도로 실력이 늘었다.

"좋지요, 젊은이와 함께 일할 수 있다는 건. 나 역시 젊어진 느낌이에요. 가끔 젊은이 흉내도 낸답니다. 모자챙을 둥글게 말아보기도 하고. 지금 신은 양말도 젊은이들이 신는 것처럼 길이가 짧아요. 멋있다고 하니까 '좋아, 해보자!' 이런 마음이 들더군요."

동그랗고 귀여운 눈을 초승달처럼 만들면서 웃는 순수함은 아마 소년 시절의 그것과 다르지 않을 것이다. 신입 사원은

후나토 슈이치는 "젊은이와 함께 일할 수
있다는 건 좋아요"라고 말한다.

신입 사원대로 젊기는 하지만 업무에 익숙해지기 전까지는 잔
걱정도 많을 테다. 그 점을 이해하는 그는 때때로 농담도 건넨
다. 또 자신 역시 직장 내 인간관계로 고민한 경험이 있기 때문
에 늘 상대를 염려하고 배려한다.

　　2013년, 65세 이상의 노인 수가 3,000만 명을 넘어서면서
총인구의 25퍼센트를 차지하기에 이르렀다. 반면 15~64세의

생산연령인구는 점점 줄어서 몇 년 뒤에는 50퍼센트대가 될 것이라는 예측도 나온다. 고령화로 인해 급속히 늘어난 사회보장비도 매년 3조 엔 전후로 팽창해서 어느덧 100조 엔을 훌쩍 넘어섰다. 1969년에는 국민소득의 5.8퍼센트를 차지했지만, 2010년에는 29.6퍼센트까지 높아졌다.

국민의 절반만 일을 해서는 국가를 먹여 살릴 수 없다. 일을 하지 않으면 연금이나 건강보험료 같은 사회복지비도 낼 수 없다. 따라서 사회를 유지하려면 노인도 적극적으로 일해야 한다. 이러한 현실이 노인에게 기쁜 일일까, 불행한 일일까? 나는 기쁜 일이라고 생각한다. 사람은 나이를 먹어도 다른 사람에게 인정받고 사회와 교류하고 싶어 한다. 최근 20년 동안 수많은 실버 세대를 만나면서 그와 같은 생각을 굳히게 되었다.

일하고 싶지만,
일할 곳이 없다

60세 이상 실버 세대를 직원으로 모집한 것은 이 세대가 주말에도 비교적 시간 여유가 많기 때문이다. 공장을 주말에 가동해야 하는데, 과연 주말에 일할 사람이 있을까 고민하던 끝에 그와 같은 결론에 이른 것이다.

가토제작소는 기후岐阜현 나카쓰가와中津川시에 있다. 회사는 바로 옆으로 강이 흐르고 에나惠那산과 다카미네高峰산으로 둘러싸인 분지에 있다. 산을 깎아서 만든 밭도 있어서 도시 사람들 눈에는 실로 한갓진 시골 풍경 같을 것이다. 가토제작소에는 아침 일찍부터 공장 기계음이 시끄럽게 울린다. 공장에서 땀을 비 오듯 흘리면서 묵묵히 일하는 직원들. 어느 공장에서나 쉽게 볼 수 있는 광경이지만, 자세히 들여다보면 가토제작소에는 백발에 눈가에 주름이 잡힌 나이 지긋한 직원이 많다.

지금부터 12년 전인 2001년은 버블경제가 붕괴되고, '잃어버린 10년'이라고 부르던 시기다. 중소기업의 잇따른 도산과 좀처럼 회복되지 않는 경기로 나라 전체가 짙은 체념에 빠져 있었다. 그 무렵, 고맙게도 가토제작소는 거래처에서 주문이 쏟아져 들어왔는데 낮은 가격과 짧은 납기를 요구하는 탓에 이익을 내기 어려웠다.

어떻게 해야 이런 상황에서 이익을 낼 수 있을까? 잔업과 휴일 근무로 대응하고자 했지만, 그렇게 되면 수당을 지불해야 한다. 그러면 인건비 부담이 커져서 이익이 나지 않는다. 게다가 밤늦게까지 공장을 가동하면 이웃에 피해를 준다. 이런 문제점을 안고, 당시 전무였던 나는 좋은 해결책이 없을까 이런저런 궁리에 머리가 아플 지경이었다.

주말에도 공장을 가동할 수 있다면 가동률이 높아져서 고객의 요구에도 신속하게 대응할 수 있다. 이런 생각을 경영회의에서 이야기하자 예상했던 대로 "누가 주말에 나와서 기계를 돌립니까?"라는 반론이 터져나왔다.

"주말에 일할 사람을 새로 채용합시다."

"주말에만 일할 사람이 어디 있겠소? 계약직이라도 고용할 거요?"

"계약직은 오래 붙어 있지 않을 겁니다. 차라리 시간제로 일할 직원을 찾읍시다."

"그렇게 간단히 찾을 수 있을까? 게다가 그 시간제 직원을 가르칠 인원도 필요하지 않을까?"

이런 의견이 많았다. 아마 기업이 도심에 있다면 주말에만 일할 사람을 모집해도 많은 사람이 지원할 것이다. 하지만 나카쓰가와시 같은 지방에는 일할 젊은이도 별로 없고, 있다고 해도 더 큰 나고야 지방으로 일자리를 찾아나갔다. 그렇기 때문에 주말에만 일할 젊은이를 찾는 것은 처음부터 무리였다.

032

그렇다면 가정주부는 어떨까? 하지만 가정주부 역시 대부분 주말에 더 바쁘다.

이렇게 고민하던 어느 날, 전부터 알고 지내던 주쿄가쿠인대학中京學院大學 경영학부의 가토 이와오 교수에게서 편지한 통을 받았다. 나카쓰가와시에 사는 노인의 의식을 조사한 내용인데, 한 번 읽어보고 감상을 말해달라는 부탁이었다. '노인의 의식이라…….' 별 생각 없이 가볍게 읽어나가던 나는 어느새 설문지 속으로 빨려 들어갔다. 정말이지 하늘의 계시를 받은 기분이었다.

설문지 내용을 정리하자면 나카쓰가와시에 거주하는 노인 중에서 취업한 노인은 43퍼센트, 취업하지 않은 노인은 53퍼센트. 취업하지 않은 노인 가운데 취업을 희망하는 사람은 17퍼센트. 현재와 미래의 불안에 관해서 '문제없다'고 대답한 사람은 겨우 절반 정도였다. 게다가 지금 연금을 받는 노인 중 60퍼센트 이상이 생활에 불안을 느끼고 있었다. '일하고 싶다, 하지만 일할 곳이 없다.' 그렇게 대답한 사람도 있었다. 그것을 본 순간 '이거다!' 하고 머릿속에서 번쩍하고 불이 켜졌다. '노인을 주말에 고용하는 거야!' 하지만 과연 이 아이디어가 가능할까? 일단 나 나름으로 검증해보기로 했다.

노인은 평일에 친구와 골프나 게이트볼을 치거나 여행이나 봉사활동을 하거나, 노인 클럽에 나가는 등 이런저런 일로 바쁘다. 맞벌이하는 자식 대신 손자를 돌보는 사람도 있을 것이다. 하지만 주말에는 대부분 집에서 쉰다. 깊이 생각할수록 노인 말고는 적합한 인재가 없다는 생각이 커졌다.

경영회의에서 다시 한 번 제안했지만, 이번에도 역시 "노인에게 일을 시키는 건 위험하다", "오래 일하지 못할 것이다"라는 회의적인 반응이 많았다. 그래도 최종적으로는 전무인 내가 전적으로 책임을 지는 조건으로 승인을 받았다. 정식으로 노인을 고용하는 계획을 추진할 수 있게 된 것이다.

"신문 전단지를 보았다"

노인을 고용하기로 결정한 나는 구인이라면 역시 헬로워크가 제일이라는 생각으로 서둘러 그곳을 찾았다. 내심 '일하고 싶어 하는 노인이요? 많죠'라고 흔쾌히 대답해줄 것을 기대했지만 실제는 그렇지 않았다. 의외로 상담자는 당혹스러운 눈치였다.

"노인을 모집하신다고요? 어렵겠는데요."

"왜요?"

"일하고 싶어 하는 분은 보았지만 구인 자체가 없기 때문에 모두 포기하고 가셨어요. 그래서 요즘은 통 오시지 않아요."

"그렇습니까? 그래도 우리는 구인할 생각이 있으니까 혹시 상담하러 오면 추천해주세요."

그렇게 부탁하고 헬로워크를 나왔다. 노인을 고용하려는 회사가 정말로 없다는 걸 새삼 실감했다. 그렇다면 어디에서 사람을 구할까? 직접 노인정을 찾아가볼까? 많은 생각 끝에 신문에 구인 전단지를 넣어서 돌리는 방법이 가장 반응이 빠를 거라는 데 생각이 미쳤다. 그래서 서둘러 전단지를 만들었다.

나아가 '주말은 우리에게 평일'이라는 문구도 큼직하게 써넣었다. 밭일을 하면서 웃음 짓는 할머니 사진을 넣고, 거기에 실버 세대와 함께 새 일자리를 만들고자 하는 내 생각도 절절히 담았다. 그것만으로도 충분히 효과가 있을 것이라고 생각했지만, 한 걸음 더 나아가 뒷면을 응모 신청서로 꾸미고 이 전단지에 관한 의견을 써넣을 칸도 만들었다.

2001년 2월 22일, 구인 전단지를 끼워 넣은 신문을 2만 부 정도 배포했다. 얼마나 많은 사람이 봐줄까? 부디 많은 분이 보면 좋겠다. 이렇게 바라는 한편에서는 정말로 생각만큼 문의가 올까 걱정도 되었다. 그런데, 전단지를 배포한 그날부터 회사에 문의 전화가 쇄도하기 시작했다.

아침 7시에 "신문 전단지를 보았다"는 전화를 받았을 때는 "네에? 벌써요?"라며 당황했다. 첫날에만 30건 이상의 문의 전화가 왔고, 최종적으로 100명이 응모했다.

"늙은이는 이제 일할 곳이 없다고 포기했습니다. 앞으로도 건강이 허락하는 한 일할 수 있는 곳이 많아지기를 바랍니다."

"사람은 아무리 나이를 먹어도 사회에 참여해야 합니다. 사회 참여는 직업을 갖고 일을 하는 것이라고 늘 생각합니다."

"60대지만 아직 일할 수 있습니다. 앞으로도 계속 집에만 틀어박혀 지내야 한다고 생각하니 불안했습니다. 그러던 중에 전단지를 보고 멋지다고 생각했습니다. 다시 일하고 싶습니다."

전단지에 대한 그들의 감상을 읽으면서 나는 확신했다. 이 방법은 많은 노인이 고대하던 복음福音이었던 것이다.

사람이
보물이다

처음에는 응모한 사람을 모두 다 만날 생각이었지만, 첫날부터 응모가 쇄도했기 때문에 도저히 일대일로 대응할 수 없다는 사실을 깨닫고 그룹 면접으로 전환했다. 면접에서는 지금까지의 이력과 회사의 채용에 관한 생각을 중심으로 질문했다. 전직 국철 역장, 목수, 어부, 자동차 부품공장 소장, 증권사 직원 등 이력도 다채로웠다. 여성이 응모를 많이 해서 여성이 60퍼센트, 남성이 40퍼센트였다. 여성은 절반 정도가 꾸준히 일한 분이었다.

최고령자는 1917년에 태어난 84세(당시)의 할아버지였다. 이력서에는 1938년에 소집 영장을 받고 중일전쟁에 참가했으며, 1940년에 병역 해제된 뒤에는 군에서 말馬 조교를 지냈고 태평양전쟁에도 종군했다고 적혀 있었다. 그야말로 살아 있는 역사의 증인이라는 생각에 이야기를 듣는 내내 감동했다. 하지만 안타깝게도 이 분은 채용하지 않았다.

여성 중 최고령자는 78세(당시)의 마쓰타니 도시코 할머니다. 이전에는 병원 식당에서 일한 경험이 있다. 혼자 산다고 하지만 기력도 정정하고 피부도 고와서 도저히 78세로는 보이지 않았다. "자전거로 통근합니다"라고 말했을 때는 정말이지 깜짝 놀라서 입이 다물어지지 않았다. 그 할머니는 식당에서 일하기로 했다.

매우 실례되는 말이지만 사실 면접을 하면서 이력서에 ○ 혹은 △ 표시를 해두었다. 처음에는 가능하면 제조업 경험이 있고, 프레스나 용접 작업을 해본 사람을 우선하려고 했지만 결과는 다들 미경험자였다. 지게차 운전 기술이 있는 분과 보일러 면허를 딴 분도 몇 명 있었지만, 우리 공장에서는 그다지 도움이 되는 기술이 아니었다.

결국 기술이 아닌 인격으로 뽑았다. 사람은 나이가 들면 살아온 삶이 얼굴에 드러난다고 생각한다. 미국의 제16대 대통령 에이브러햄 링컨은 "남자는 40세가 지나면 자기 얼굴에 책임을 져야 한다"는 명언을 남겼는데, 나 역시 인상人相이나 수상手相은 볼 줄 모르지만 지금까지 많은 사람을 만나본 결과 그 사람의 인격은 확실히 얼굴이나 표정에 나타난다고 믿는다.

밝고 맑은 성격은 무엇보다 중요하다. 명랑한 사람은 주위를 밝게 하는 힘이 있기 때문에 자신은 물론 다른 사람들까지도 행복하게 만든다. 성격이 밝으면 사람은 물론 물건과 정보가 모여들고, 또 밝은 사람은 건강하다. 면접을 볼 때 첫눈에 '표정이 참 좋다'고 느낀 사람은 웃는 얼굴도 좋았고, 말할 때도 긍정적인 표현을 많이 썼다. 지금까지 살면서 고생한 적도 있지만, 그래도 원망하지 않고 "좋은 경험이었다"며 밝게 이야기했다. 그런 분에게는 ◎표를 쳤다. 반대로 "이전 회사에서는 무척 힘들었습니다. 상사와 마음이 맞지 않아서……", "관리직이었는데 젊은 직원들은 말을 안 듣더라고요"라며 부정적인 말을 하는 사람은 채용을 피했다.

　나는 직원 교육을 할 때 늘 말의 중요성을 강조한다. 되도록 밝고 긍정적이고 솔직하게 말하라고 이야기한다. 말 한마디로 천 냥 빚을 갚는다는 속담도 있지 않은가? 사람은 자신이 쓰는 말에 따라 모든 것이 달라진다. 불평, 불만, 푸념을 자주 늘어놓는 사람은 표정까지도 어두워진다. 함께 오랫동안 일해야 한다면 역시 밝고 긍정적인 사람이 좋다. 내 직감은 정확히 맞아떨어졌다. 결과적으로 맨 처음 고용한 분들은 오랫동안 일하고 있다. 당초에는 10명만 고용할 계획이었지만 이 사람도 좋고 저 사람도 채용하고 싶은 마음에 결국 15명으로 늘렸다.

　응모 신청서에는 사진을 붙이는 칸이 없었다. 당시에는 디지털카메라가 없었기 때문에 면접 본 사람들의 사진을 폴라

로이드로 한 장씩 찍었다. 지금도 응모한 모든 사람의 신청서
와 사진을 소중하게 간직하고 있다. 웃는 얼굴이 좋았던 응모
자는 역시 사진 속 표정도 좋다. 이것은 내 보물이다.

평일은 평균 39세, 주말은 평균 65세

당초 4월부터 주말 가동을 시작할 생각이었지만, 갑자기 실버
직원만으로 공장을 돌리는 것은 당연히 무리였다. 우선 작업장
과 업무에 익숙해지도록 평일에 현장 실습을 시행하기로 했다.
그에 앞서 2001년 3월 19일, 실버 직원 입사식을 거행했다. 그
때의 광경은 지금도 잊을 수 없다. 아마 실버 직원들에게는 몇
십 년 만에 다시 치른 입사식이었을 것이다. 표정은 딱딱하게
굳었고, 발령장을 받아든 손은 조금 떨렸다. 자기소개를 할 때
도 상당히 힘이 들어간 목소리로 인사를 했고, 신경도 날카로
워 보였다.

　　　　입사식이 끝나고 입사설명회를 한 뒤 건강진단을 받기 위
해 모두 병원을 찾았다. 채용할 때 가장 신경 썼던 것은 역시

건강 상태였다. 모두 활기 넘쳐 보였지만 겉으로 보는 모습과 실제는 다를 수도 있기 때문이다. 다행히 모두 취업에 지장 없는 건강 상태여서 안도했다.

며칠 뒤에 식당에서 실버 직원과 간부들, 현역 직원들이 모여서 '환영 회식'을 열었다. 현역 직원이 "드디어 현장 실습을 하시는군요. 너무 긴장하지 마시고, 집중해서 일해주십시오"라고 인사말을 꺼내자 실버 직원들은 "많이 불안하지만 열심히 하겠습니다"라고 대답했다. 술이 들어가자 농담을 주고받을 여유가 생겼고, 서로 금방 마음을 터놓고 이야기하기 시작했다. 이제 좋은 분위기에서 실버 직원을 맞이할 수 있을 것 같았다. 나는 술을 마시면서 역시 노인을 채용하길 잘했다고 몇 번이나 굳게 생각했다.

마침내 현장 실습이 시작되었다. 실버 직원들은 실질적으로 10일 동안 현역 직원들 틈에 섞여서 그들에게 일하는 법을 배웠다. 남자는 프레스 일을 배우고 여자는 조립 일을 배웠는데, 실버 직원 한 명당 현역 직원 한 명이 붙어서 직장 상사이자 동시에 도우미가 되어주었다.

사실 제조 현장에서 일한 경험자는 한 사람도 응모하지 않았다. 각오는 했지만 이렇게까지 전무하리라고는 예상하지 못했기 때문에 전혀 불안하지 않았다면 거짓말이다. 업무에 익숙해지기까지 상당한 시간이 걸릴 것이다. 이렇게 생각은 하고 있었지만, 역시 실제로 잘 되지 않을 때도 있어서 수업을 참관하러 온 학부형처럼 "잘 될까?" 하고 혼잣말이 튀어나오기도 했다.

가르치는 현역 직원도 처음에는 당연하다고 생각하고 반복해서 가르쳤지만 서서히 짜증을 냈다. 상대가 누가 되었든 초보자를 가르친다는 건 힘든 일이다. '가르치는 쪽은 인내도 필요하다'고 새삼 실감했다. 실버 직원들도 스스로 안타까워했고, 가끔은 후회하는 표정도 지었다. 그래도 말대꾸하지 않고, 불평도 늘어놓지 않고, 진지하게 작업대 앞에 서서 배웠다. 몇 번씩 잊어버려도, 실패해도 반복했다. 그 모습에서 느껴지는 뜨거운 열정이 내 마음을 울렸다.

어찌되었든 첫날은 가르치는 쪽도 배우는 쪽도 매우 지쳤다. '정말로 일을 할 수 있을까?'라고 불안한 표정을 짓는 현역 직원들을 향해서 실버 직원들은 "괜찮아요, 일만큼은 모두 초베테랑이니까 금방 배울 거야"라고 소리쳤다. 자신에게 말하는 것 같았다.

이번 현장 실습은 하루라도 빨리 업무에 익숙해지게 하는 것 외에 실버 직원들의 적성을 파악하려는 목적도 있었다. 15명 모두 이 일이 맞는다고 단정할 수 없기 때문이다. 사실 처음부터 적성을 판단하기는 어렵다. 안타깝게도 현장 실습 도중에 퇴사한 사람이 딱 한 분 있었다. 증권사 직원으로 영업 외길을 걸어온 분이다. 그에게 서서 하는 일은 생각보다 힘들었던 모양이다. 주위에 폐를 끼치기 전에 그만두는 게 낫겠다는 게 이유였다. 실버 직원은 14명으로 줄었지만 계획대로 정식 주말 근무에 들어가기로 했다.

2001년 4월 8일 일요일. 이날은 우리가 기념해야 할 날이다. 아침부터 실버 직원 14명과 현역 직원 5명, 그리고 내가 모여서 다 같이 라디오 체조를 했다. 그 후 둥그렇게 모여서 조례를 시작했다.

"드디어 주말 근무를 시작합니다. 3월 중순부터 어제까지 실버 직원 여러분은 OJT(직장에서 실무를 통해서 하는 직원 교육훈련)를 통해서 업무를 익혔습니다. 오늘부터 본격적으로 여러분이 중심이 되어 공장을 가동합니다. 아무쪼록 도와주는 직원은 사고가 나지 않게 잘 지도해주시기 바랍니다."

실버 직원들은 고개까지 끄덕이며 내 말을 진지하게 들었다. 실습 때와 마찬가지로 남자는 주로 프레스 현장, 여자는 조립 현장에서 일했는데 각자 자신의 리더의 지시를 받고 일을 시작했다. 이로써 가토제작소는 평일에는 평균 나이 39세, 주말에는 평균 나이 65세의 '2교대 공장'이 되었다.

의욕이
승리했다

실버 직원들이 기술을 몸에 익히기 위해 얼마나 분투했는지는 제2장에서 자세히 소개하겠다. 결론부터 말하자면 '주말은 우리에게 평일' 시도는 대성공이었다. 맨 처음 실버 직원을 고용하고 반년이 지난 뒤에 2차로 직원을 모집했다. 처음에는 어떻게 될지 불안감을 느끼기도 했지만, 실버 직원의 기력과 의욕은 남달랐다. 그리고 일을 한다는 점에서는 다들 매우 뛰어난 숙련공이다. 일의 중요성도 잘 알았고 도덕심도 있었다. 더구나 노인들은 인내심이 강하기 때문에 우리가 실버 직원용으로 준비한 일에 안성맞춤이었다.

　　업무는 기본적으로 '정형 업무'와 '판단 업무' 두 가지다. '정형 업무'란 소위 말하는 하루의 정해진 일로, 같은 작업을 반복하는 것이다. '판단 업무'는 가령 고객이 불량품이 있다고 이의 제기를 했을 때 어떻게 대응해야 좋을지 판단하는 업무다. 이때는 임기응변이 필요하다.

실버 직원들에게는 일단 정형 업무부터 맡겼다. 완성된 부품을 세어서 포장을 하거나 부품을 조립하는 등 비교적 단순한 작업이다. 실버 직원들이 순식간에 업무를 익혔기 때문에 일을 시작한 지 3개월도 되지 않아 현역 직원은 프레스에 한 사람, 조립에 한 사람만 있으면 충분했다.

이는 의욕이 승리했다는 증거다. 인간은 의욕만 있으면 무슨 일이든 해낼 수 있다는 것을 마음 깊이 느꼈다. 실버 직원들은 그야말로 물 만난 물고기마냥 에너지를 쏟아부을 곳을 발견한 것이다. 실버 직원들이 업무에 능숙해지자 현역 직원들의 태도도 달라졌다. 일을 좀더 맡아주면 좋겠다는 요청에 따라 실버 직원들은 평일에도 근무하게 되었다.

이렇게 해서 현역 직원들만 일하던 현장에 실버 직원들이 자연스럽게 녹아들어갔다. 청년과 노인이 휴게실에서 함께 쉬면서 즐겁게 떠드는 분위기가 정착되었다. 직장에서 '노인과 젊은이의 적절한 안배'가 실현된 것이다.

2001년 9월, 제2차 모집 전단지에는 제1차 때 입사한 실버 직원이 활짝 웃는 얼굴로 일하는 사진을 실었다. 진심이 묻어

의욕 있는 사람 구합니다. 남녀 불문.
단, 나이 제한 있음. 60세 이상인 분만.

● 근무일 : 토요일 · 일요일 · 공휴일(설날 · 추석은 쉼)
● 근무시간 : 오전 8시부터 오후 5시 사이에 4시간 이상
　일할 수 있는 분
● 시급 : 800엔 이상
● 업무 내용 : 간단한 조립 작업, NC기 오퍼레이터 등(자격은 특
　별히 필요 없음. 지금도 시간제로 일하시는 분이 주로 하는 일)

가토제작소는 1996년 안전 면에서 기후 노동기준국장 우량상과
1997년 동(同)국장공로상을 수상한 안전을 최우선으로 하는 직장
입니다.
먼저 전화주세요. 면접 신청.

㈜ 가토제작소
우) 508-0011　나카쓰가와시 고마바 447번지 5
TEL. 0573-65-4175　FAX. 0573-65-4177

난 웃음이다. 그 사진에 매료되어 이번에도 많은 분이 응모했다. 제2차 모집에서는 7명을 채용했고, 그 뒤에도 문의가 계속 들어와 수시로 면접을 봐서 충원했다. 마침내 우리 회사는 '노인을 고용하는 가토제작소'로 전국적으로 주목을 받게 되었다.

정년은 없고 고용 기간은 '그만두고 싶을 때까지'

마이나비가 운영하는 '마이나비뉴스'에서 2012년에 재미있는 설문조사를 실시했다. 사람들에게 '얼마짜리 복권에 당첨되면 일을 그만두겠습니까?'라고 물었더니 응답자 1,000명 중 513명이 '그만두지 않겠다'고 대답했던 것이다. 일본인은 본질적으로 일을 해서 인간의 존엄성을 유지하는 민족일지 모른다.

우리 실버 직원의 시급은 일률적으로 800엔으로, 이 지역 평균에 해당한다. 근무시간은 오전 8시나 9시에 출근해서 오후 4시까지, 혹은 정시 퇴근 시간인 오후 5시까지다. 노인이 일을 하려면 먼저 연금 수급에 영향이 있는지를 따져보아야 한다. 근무시간이 주 3.5일, 시간으로 쳐서 주 28시간 이내라면 후생연금을 감액 없이 수급할 수 있다. 그래서 그 시간 내에서 자유롭게 근무시간표를 짰다. 주말만 풀타임으로 한 달에 10일 일하면 수입이 6만 4,000엔 정도 된다. 연금만으로 생활하는 실버 직원들에게 이 돈은 역시 큰 액수다.

지방은 물가가 싸서 지출이 별로 없을 테니 연금에만 의존해도 충분히 생활할 수 있을 것이라고 생각할지 모른다. 하지만 유유자적하게 사는 사람은 소수이고, 연금만으로는 취미 생활도 즐기기 어렵다. 지방은 기본적으로 자가용으로 이동하기 때문에 주유비가 많이 들고, 집이 있으면 고정 재산세를 내야 한다. 병이라도 있으면 병원비도 든다.

또, 조부모라면 손자에게 용돈이라도 주고 싶을 것이다. 이 정도의 지출만으로도 연금으로는 어쩐지 불안하다. 가끔 이웃이나 친척도 만나야 하고, 경조사로 뜻하지 않은 지출이 생길 때도 있다. 이때 한 달에 수만 엔의 수입이 있다면 여유가 생기는 것이다. 여행 등 자신의 취미를 위해서 월급을 쓰는 실버 직원도 많지만, "초등학교에 입학하는 손자에게 책상과 침대를 사주었더니 무척 좋아하더라"며 기쁘게 말하는 실버 직원도 있다. 하지만 그들에게 얼마를 버느냐는 그다지 중요하지 않은 것 같다.

실버 직원들은 월급에 크게 신경 쓰지 않고 일한다. 일하는 것 자체를 좋아하기 때문에 일이 곧 보수이고, 월급은 덤이라고 생각한다. 후생노동성의 '중장년층 종단조사縱斷調査(동일한 조사를 일정 시간을 두고 반복적으로 측정해서 시간의 흐름에 따른 조사 대상의 변화를 정기적으로 측정하기 위한 조사)' (2010년)에 따르면 일본의 베이비붐 세대를 포함한 60~64세는 일하는 사람 중 56.7퍼센트가 65세 이후도 '일을 하고 싶다'고 생각해서 '일을 하고 싶지 않은' 사람(16.6퍼센트)을 크게 웃돌고 있다. 역시 일하고자 하는 노인은 많은 것이다.

그렇지만 업무량을 보면 실버 세대와 현역 세대의 차이가 크게 벌어진다. '옛날처럼 억척스럽게 일하고 싶지 않다', '여가도 즐기면서 제2의 인생을 살고 싶다', '적당히 하는 정도가 딱 좋다'는 것이 대다수 실버 직원의 생각이다. 그러므로 실버 직원들에게 맞춘 근무 체제를 만들어야 한다.

월요일과 화요일만 일할 수 있는 사람도 있지만, 주말에만 일할 수 있는 사람도 있다. 기업은 상근직이든 시간제든, 2시간밖에 일하지 못하든, 실버 직원이 할 수 있는 범위 내에서 일하면 상관없다는 자세로 유연하게 대처할 수 있어야 한다. 동시에 기존 현역 직원에 대한 처우를 어떻게 할 것인가 하는 점도 생각해야 했다. 우리는 정년을 60세로 정해놓았지만, 은퇴한 뒤에도 자신의 기술을 젊은 직원들에게 전수할 수 있게 시간제 근무자로 계속 고용한 예가 많다.

그런데 새로 60세 이상의 실버 직원을 고용하면서, 지금 있는 현역 직원은 은퇴한 뒤에 선별해서 재고용하는 조건이라면 그들 사이에서 불만이 터져나올 것이 뻔했다. '그렇다면 차라리 기술이 있는 우리를 그대로 고용하라'는 소리를 할 테니 말이다. 그래서 60세가 된 현역 직원 중 희망자는 전원 계속 고용하는 것으로 취업 규정을 바꾸었다. 계약은 1년마다 갱신하지만, 정년은 없고 고용 기간은 '그만두고 싶을 때까지'다. 현재 실버 직원 중 25퍼센트는 정년이 지났지만 계속 일하기를 희망한 기존의 직원이다.

다만 미경험자와 유경험자에게 똑같은 시급을 지급한다는 것도 불공평해서 기존에 일하던 직원은 시간당 900엔, 기량과 업무량에 따라 그 이상을 지급한다는 조건도 달았다. 현역 시절과 다른 것은 상여금이 없고, 월급이 오르지 않으며, 퇴직금이 없다는 점이다. 이 조건을 이해한 직원만 계속해서 일할 수 있다. 취업 규정을 이렇게 바꾼 뒤에는 회사가 먼저 "이제 그만두어야 하지 않겠냐"고 이야기를 꺼낸 적이 없다. 대부분 자신이 체력의 한계를 느끼고 회사를 떠난다.

어쩌면 본래 일이란 그래야 하는 것인지도 모른다. 정년은 사회가 정하는 것이 아니라 자신이 정해야 한다. 아직 일할수 있는데도 단지 나이가 많다는 이유로 일할 곳에서 쫓겨나는 것은 분명한 연령 차별이 아닐까?

아무리 나이를 먹어도 나답게 살고 싶다

독자들은 은퇴 후의 삶을 생각해본 적이 있는가? 지금까지 열심히 일했으니까 은퇴한 뒤에는 느긋하게 쉬면서 지내고 싶다. 부부가 함께 여행도 하고 취미로 작은 밭도 가꾸고, 좋아하는 것만 하며 살고 싶다. 많은 사람이 이렇게 생각할 것이다. 하지만 그토록 고대하던 유유자적한 생활도 채 1년을 넘기기 힘들다. 인간은 본래 근면하기 때문에 느긋한 은둔생활에 만족하는 사람은 별로 없을 것이다.

가토제작소가 직원을 모집했을 때 "집에 있는 동안 밭에 나가 일도 하고 운동 삼아 산에도 다니면서 하루 종일 말을 하지 않고 지냈는데, 어느 날 이렇게 살다가는 바보가 되겠다, 남아 있는 적지 않은 인생을 사람도 만나고 건강이 허락하는 한 일도 하고 싶다는 생각이 들었다"며 절절한 심정을 이야기한 분도 있었다.

결국, 사람은 사회와 관계를 맺는 속에서 자신의 존재 의의를 발견하는 것이 아닐까? 유럽의 비즈니스맨은 여름휴가를 한 달 이상씩 받는다고 한다. 필시 유럽인은 쉬기 위해 일할 것이다. 미국 조지 W. 부시 전 대통령이나 이탈리아 실비오 베를루스코니 전 수상도 한 달 정도 휴가를 받는데, 유럽이나 미국은 쉬는 것에 관대하다.

반면 우리는 추석이나 설날에 다 같이 쉰다. 유급휴가조차 마음껏 쓰지 못하는 것은 '내가 쉬면 다른 사람에게 폐를 끼친다'는 생각이 강하기 때문이다. 병으로 쉬어도 미안하게 생각한다. 오랫동안 그런 세계에서 발을 담그고 지냈기 때문에 은퇴 후 갑자기 넘쳐나는 자유에 좀처럼 익숙해지지 못하는 것도 당연하다.

은퇴 후, 지역 주민과 친분도 없는 상태에서 사회로 방출된 노인은 단절된 생활에서 초조함을 느낀다. 이는 상당히 전부터 문제시되고 있었지만, 노인이 처한 환경은 그다지 개선되지 않은 것 같다. 물론 은퇴 전부터 취미를 즐기고 친구를 만드는 것이 바람직하지만, 그럴 만한 시간을 내는 것도 쉽지 않다. 개인적 시간이 지나치게 적은 탓이다.

도심에 한정된 이야기겠지만, 최근 게임센터가 노인들의 교류의 장이 되고 있다고 한다. 게임센터는 경마 같은 도박과 달리 적은 돈으로 오랫동안 시간을 보낼 수 있다. 친구도 사귈 수 있어서 하루도 거르지 않고 아침부터 저녁까지 그곳에서 살다시피 하는 사람도 있다고 한다. 하지만 그것은 일시적으로 빠질 수는 있어도 몇 년씩 계속할 수 있는 취미가 아니다. 게임에는 생산성이 없기 때문이다.

나는 노인을 수용할 가장 적합한 곳은 역시 직장이라고 생각한다. 일하는 실버 직원의 모습을 보고 있으면 하루하루 업무에 능숙해지는 것, 못 하던 작업을 하게 되는 것에서 기쁨을 찾는 사람이 많다. 사람은 아무리 나이를 먹어도 성장하고 싶어 한다. 그리고 작업 솜씨가 좋아지면 주위 사람들에게서 좋은 평가를 받는다. 사람은 남에게 인정받을 때 비로소 사회와의 유대감과 보람을 느낀다.

요즘은 노인이 갈 곳이 정말 없다. 지방에서도 노인들은 노인회나 동호회 등을 통해서 같은 세대끼리 교류를 도모한다.

역시 노인이 모일 만한 '장소'를 만들 필요가 있다. 이웃과 교류하는 것만으로도 남과 관계를 맺을 수 있다는 것은 상당히 축복받은 환경이다.

일본 내각부가 2005년도에 실시한 '세대 유형에 맞는 고령자의 생활 실태 등에 관한 의식조사'에 따르면 노인회나 마을 내 모임, 자원봉사, 실버 인재센터 등 어떤 단체에도 속하지 않은 노인은 남성이 37.5퍼센트, 여성이 39.4퍼센트였다고 한다. 40퍼센트 가까운 고령자가 그룹 활동에 참여하지 않는 것이다. 친척과 만나는 빈도를 보면 거의 매일과 1주일에 1회 이상 만나는 빈도를 합쳐야 60퍼센트 정도다. 나머지는 한 달에 3회 이내, 1년에 몇 번 정도였다. 다시 말해 노인의 40퍼센트는 친척과 자주 만나지 않고, 그룹 활동에도 참여하지 않는다는 말이 된다. 지금은 당시(2005년)의 비율보다 늘지 않았을까 생각한다.

노인이라고 해도 요즘 60대는 건강해서 충분히 혼자 활동할 수 있다. 아마 70대가 되어서 체력이 떨어질 때쯤 되어야 사람을 그리워하지 않을까? 그때부터 그룹 활동에 참가해서 친구를 사귀는 것은 생각만큼 쉽지 않다.

일본 남성은 대부분 '일하는 인간'이다. 최근에는 워크 라이프 밸런스Work-Life Balance(일과 생활의 조화)를 중시하는 분위기지만, 아직까지 깊숙이 침투했다고는 말할 수 없다. 애초에 지금까지 일만 하며 살아온 중장년에게 느닷없이 사생활을 알차게 보내라고 하는 것도 무리다.

일을 사는 낙으로 여기고 살아왔다면 끝까지 그 낙을 빼앗기지 않을 방법을 모색하는 편이 더 쉽지 않을까? 아무리 나이를 먹어도 자기답게 사는 것은 중요하다. 그렇게 살기 위한 선택지가 많아야지, 나이를 먹은 순간 노인들만 모이는 단체에 참가할 수밖에 없다면 정말 쓸쓸한 일이다.

일은 사람을 즐겁게 만든다

내가 존경하는 불교 시인 사카무라 신민坂村眞民이 남긴 시 중에 「나중 올 자를 위해」라는 시를 소개한다.

나중 올 자를 위해
밭을 갈고

씨앗을 준비해두는 것이다

산을

강을

바다를

깨끗하게 해두는 것이다

아아

나중 올 자를 위해

고생을 하고

참고

모두 저마다 힘을 쏟는 것이다

뒤이어 뒤이어 계속해서 올

저 사랑스러운 자들을 위해

모두 저마다 자기가 할 수 있는

뭔가를 해가는 것이다.

나는 이 시를 액자에 넣어서 회사 식당에 걸어두었는데,
앞으로도 이런 마음가짐으로 걸어가고 싶다고 늘 직원들에게
이야기한다. 회사의 작은 앞마당에는 사카무라 신민의 「소망
하면 꽃도 피울 수 있다」는 시구를 적은 시비詩碑가 있다. 그가

우리 회사를 방문해 불경을 바치고 몸소 정성을 들여 써준 귀중한 보물이다. 이 시비에 매일 기도를 드리면서 이상적인 회사를 만들겠다고 새롭게 결의를 다진다.

산다는 것은 무엇인가? 일한다는 것은 무엇인가? 실버 직원을 고용한 뒤에 나는 인류의 영원한 주제라고도 할 수 있는 물음을 자주 던지게 되었다. 우리의 시도는 평판이 자자해 신문과 잡지, 텔레비전의 취재를 많이 받았다. 국내뿐만 아니라 프랑스, 미국, 스위스, 한국의 저널리스트도 우리 회사를 찾았다.

2005년 6월에는 미국 『월스트리트저널』의 세바스천 모펫 Sebastian Moffett이라는 기자가 와서 취재를 했다. 왜 미국의 유력 경제전문지가 군이, 그것도 일본 촌구석에 있는 중소기업을 취재하러 왔을까? 이상하게 생각하고 물어보니 일본의 저출산 고령화 문제는 선진국도 직면한 주제라 주목을 끌었고, 더구나 노인 고용은 앞으로 발생할 노동력 부족 대책의 실마리가 된다는 이유였다. 그 기자는 일본 특파원인지라 유창한 일본어에 시종 웃는 얼굴로 취재를 했다. 나와 실버 직원들의 이야기를 열심히 듣고, 때로는 날카로운 질문도 던졌다.

"언제까지 일하고 싶습니까?"

"여생이라는 말이 있습니다. 당신의 여생은 언제부터입

니까?"

실버 직원이 어떻게 대답할지, 나 또한 흥미로웠다. 그중 특히 두 사람의 이야기가 인상에 남았다.

"내가 일을 한 뒤로 부부 사이가 좋아졌습니다. 남편이 은퇴한 뒤로는 매일 단둘이 집에 있다 보니 슬슬 상대방의 결점이 눈에 들어오기 시작하더군요. 냉장고를 열었다가 상한 음식이 나오면 살림을 못한다며 불평을 해댔어요. 하지만 지금은 좋아졌어요. 내가 일해서 번 돈으로 둘이 오키나와로 여행갈 생각입니다."

"내가 책임지고 해야 할 일이 있다는 건 기쁜 일입니다. 그 일을 제대로 해냈을 때의 기분은 말로 표현하기 힘들 정도죠. 아마 집에 계속 있었으면 그저 죽을 날만 기다리는 늙은이였을 걸요."

나는 일이란 사람을 즐겁게 만드는 것이라고 생각한다. 어떤 일이든 사회에 공헌할 수 있다. 나만 좋으면 그것으로 되었다고 생각하는 것이 아니라 세상을 위해서, 다른 사람을 위해서 일할 때 더 큰 기쁨을 느끼고, 가슴은 만족감으로 벅차오르지 않을까?

버블경제 붕괴 후, 일본에는 직접 몸으로 일하지 않고, 돈

058

으로 돈을 버는 서구식 사고가 침투했다. 이른바 투자다. 물론 생활하는 데 돈은 필수지만, 돈벌이만이 삶의 목적이 된다면 과연 마음이 채워질 수 있을지 의문이 든다. 최소한 옆 사람을 즐겁게 하거나 사회에 공헌하는 것은 불가능할 것이다. 매일 컴퓨터 화면만 노려보며 오르내리는 숫자에 일희일비해서 무엇을 얻을 수 있단 말인가.

인간은 일할 때 살아 있다는 것을 느낀다. 나는 이 말을 실버 직원들과 함께 일하면서부터 실감했다. 그분들에게 '사는 기쁨, 일하는 기쁨'을 배웠다. 언제나 싱글벙글 웃는 얼굴로 모든 일에 적극적으로, 동료를 위해, 고객의 기쁨을 위해 수고를 아끼지 않고 열심히 일하는 모습을 볼 때마다 정말이지 두 손 모아 절하고 싶을 때가 한두 번이 아니었다.

우리 회사의 경영 이념은 '기쁨에서 기쁨을'인데, 실버 직원이야말로 이 이념을 제대로 실천하고, 인생의 참된 기쁨을 만끽하고 있었던 것이다. 실버 직원 덕분에 내가 그리던 회사에 한 걸음 더 가까이 다가갈 수 있었던 것만은 틀림없다.

제2장

60세에
숙련공이
되다

모든 일은
처음이 중요하다

모든 일에서 가장 중요한 것은 '기본'이고, 그것은 나이를 불문하고 변함이 없다. 공장의 일도 기본을 소홀히 하면 즉시 부상으로 이어진다. 무도武道나 다도茶道의 가르침 중에 '수파리守破離'라는 것이 있다. '수'는 스승에게 기본을 철저히 배워서 몸에 익히는 단계, '파'는 틀을 깨기 위해서 독자적으로 연구하고 발전시키는 단계, '리'는 스승을 떠나 자신만의 틀을 만드는 단계다.

실버 직원으로 일하게 된 14명 중에 공장에서 일한 경험이 있는 분은 1명도 없었다. 모두 늦은 나이에 새로 시작한 공부라서 하나에서부터 차근차근 배워야 했다. 공장 업무라고 하면 제일 먼저 기계를 작동시키는 모습이 떠오른다. 하지만 그보다 중요한 일이 청소다. 어질러진 상태에서 작업을 하면 부상을 입을 위험이 크고, 제품에 흠집을 낼 수도 있다. 그러므로 작업 전후에는 반드시 작업장 주변을 청소하게 했다. 또, 평일에 일하는 현역 직원이 당황하지 않도록 사용한 도구는 제자리에 갖다 놓는 것도 중요하다.

부상을 방지하기 위해 입사 전 현장 실습에서는 보호구 착용법과 안전을 확인하기 위한 매뉴얼 설명을 과하다 싶을 만큼 많이 실시했다. 가령 프레스가 작동하는 곳은 늘 소음 속에서 작업해야 하므로 귀마개를 하지 않으면 난청이 된다. 철판 중에는 얇은 것도 있어서, 잘못 다루면 손이나 팔이 잘리기도 하기 때문에 손목을 보호하는 '말굽토시'라는 보호구를 착용해야 한다. 그런데 실버 직원 중에 종종 깜빡 잊고 착용하지 않는 사람이 있어서 몇 번씩 주의를 주었다.

우선 이와 같은 기본을 가르친 다음에 작업이라는 실전에 들어갔다. 처음에는 실버 직원 2명당 현역 직원 1명을 배치해서 문제점이나 모르는 점이 있을 때 곧바로 대응할 수 있게 했

모든 일에서 가장 중요한 것은 나이를 불문하고 '기본'이다.
기본을 소홀히 하면 부상을 당하기 십상이다.

다. 실버 직원은 어디까지나 서포터이고 주역은 현역 직원이라는 생각으로 채용한 것이므로 우선은 정형 업무 중에서도 가장 간단한 작업부터 실버 직원을 투입했다.

완성된 부품을 세어서 상자에 넣는 작업, 너트를 용접하는 작업, 제품에 접착제를 바르는 작업 등 기술이 필요 없는 일이다. 그러다가 차츰 업무에 익숙해짐에 따라 좀더 어려운 작업을 맡겼다. 처음부터 어려운 작업을 맡기기보다는 서서히 단계를 높인 것이다. 기본적으로 사람에게 일을 맞추는 것이 아니라 일에 사람(실버 직원)을 맞추어서 실시했기 때문에 '이 작업은 실버 직원에게 무리'라고 도중에 그만둔 작업이 지금까지 하나도 없다. 다만 실버 직원에게 작업을 시키려면 사전에 매우 조심스런 준비가 필요했다.

실버 직원이 몸으로 업무를 익힐 수 있게 가능한 한 많은 제품을 프레스 가공하는 작업을 맡겼다. 또 작업을 자주 바꾸면 혼란스러워하므로 하루 종일 교체 없이 생산하도록 계획을 잡았다. 가령 자동차 안전벨트를 부착하는 부분의 보강재를 프레스 가공한다면 우선 그 재료인 강판을 준비한다. 대략 2,000개를 한번에 제조하므로 강판 2,000장이 필요하다. 실버 직원에게 두께 1.4밀리미터, 폭 140밀리미터, 길이 1,080밀리미터 크기의 강판을 가지런히 하는 일부터 시키는 것은 체력적으로 무리라고 판단했다. 그래서 그 강판은 미리 기계 옆에 준비해두었다.

나아가 프레스 가공에 쓸 금형을 프레스 기계에 설치한다. 제품을 만드는 데 금형은 모두 3개가 필요하며, 3명이 각각의 금형에 강판을 1장씩 밀어넣어 생산한다. 이때 금형 하나를 설치하기까지 10~20분 정도 걸리는데, 이 일도 실버 직원에게 맡기기 어려워 사전에 준비해두었다. 그리고 제품을 담을 팔레트(철제 상자), 강판에 도포할 기름과 솔, 롤러도 준비해두었다. 마지막으로 작업 지도표와 생산 기록장, 품질을 확인할 때 쓸 모델품을 갖추면 준비 완료다.

여기까지 금요일에 해두면 토요일에 곧바로 생산에 들어갈 수 있다. 실버 직원 14명은 각자 맡은 일이 다르기 때문에 그 작업량에 맞게 준비를 해두어야 한다. 그 때문에 현역 직원의 협력이 없으면 토요일 공장 가동은 불가능했다. 그리고 실버 직원에게는 ① 지시대로 할 것, ② 마음대로 판단하지 말고 모를 때는 반드시 물어볼 것, ③ 문제가 있을 때는 '멈춘다→부른다→기다린다'의 순서로 상사의 지시를 따르라는 3가지 핵심 사항을 되풀이해서 지도했다.

첫 번째, 지시한 대로 할 것. 이는 실버 직원에게 작업을 가르칠 때 말뿐만 아니라 표준 작업표를 바탕으로 지도하는데, 그 표에 적힌 대로 했는지 확인하는 것이다. 표준 작업표는 작업장마다 현역 직원이 사전에 준비해둔다. 부품 사진을 넣거나, 도해圖解를 덧붙여서 '이 코너를 면치기(모서리를 깎아 둥글게 하는 작업)한다', '이 부품은 이 재료를 써서 여기에 붙인다'는 식으로 자세하게 설명해두었다. '상자에 넣을 때 흠집 내지 말 것', '붙이는 걸 잊거나 삐뚜로 붙이지 않게 주의할 것' 등 주의할 점도 적어놓았다. 이를 모두 완벽하게 해냈는지 실버 직원도 여러 번 확인하고 현역 직원도 다시 점검한다.

두 번째, 마음대로 판단하지 말고 모를 때는 반드시 물어볼 것. 기본적으로 실버 직원은 지시대로 한다. 하지만 품질에 문제가 발생해도 곧바로 알아차리지 못할 때도 있고, 또 '이 정도는 괜찮다'고 알아서 판단을 내릴 때도 있다. 조금이라도 의심스럽다면 가까이 있는 현역 직원에게 물어보라고 여러 번 가르쳤다.

세 번째, 문제가 있을 때는 '멈춘다→부른다→기다린다'의 순서로 상사의 지시를 따를 것. 이는 실버 직원만의 문제는 아닌데, 보통 자신의 실수는 숨기고 싶고 회피하고 싶어서 즉시 보고하지 않고 이렇게 저렇게 만회하려다가 문제를 더욱 크게 만들어버릴 때가 있다. 그래서 문제가 생기면 당황하거나 소란을 피우지 말고 작업을 멈추라고 지도했다.

동시에 아무래도 현장 작업만으로는 실버 직원의 지식과 기술이 향상되지 않는다는 측면도 있었다. 그 점을 보충하기 위해 우리 회사가 직원을 교육시키기 위해 마련한 '대장장이 학교'에 참가시키기로 했다(이 대장장이 학교는 제4장에서 상세히 설명한다).

가토제작소에서는 강판, 스테인리스 판, 알루미늄 판을 취급하는데 만드는 제품에 따라 사용하는 소재가 다르다. 그 종류와 소재마다 어떤 특성이 있는지, 어떤 가공을 해야 하는지 가르쳤다. 소재에 따라 사용하는 기름도 다르고, 또 가공하는 단계에서 아무래도 흠집이 생기거나 처음부터 판에 흠집이 있는 경우도 있다. 미세한 흠집이라면 몰라도 분명히 알 수 있는 흠집은 불량품이고 따라서 제품을 출하할 수 없다. 그것을 구분하는 방법도 가르쳤다.

이처럼 기초를 가르치는 단계도 시간이 많이 걸린다. 처음에 잘못 배우면 나중에 수정하는 데 시간이 걸리고, 또 어렵다. 가르치는 쪽도 배우는 쪽도 처음이 중요하다.

"멍키를
가져오세요"

처음에 예상한 대로 실버 직원이 업무에 익숙해지기까지는 젊은 신입 사원의 2배는 아니더라도 상당한 시간이 걸렸다. 그리고 실버 직원이 공통적으로 힘들어했던 점은 공장에서 쓰는 전문용어를 외우는 일이었다. 일한 경험이 있어도 완전히 다른 분야의 물건 이름이나 전문용어를 외우는 것은 그렇게 쉽지 않다.

우리 회사는 제품명을 거의 영어로 부르는데 '프론트서브 아시front sub assy'나 '픽스플레이트fix plate'라는 용어는 한 번 들어서는 좀처럼 외워지지 않는다. 하물며 무엇을 의미하는 단어인지 상상하기란 더욱 어렵다. 실버 직원은 여러 번 되풀이해서 물어보았다. 제품의 명칭뿐만 아니라 기계 설비나 공구 하나에도 당황스러워했다. 특히 여성은 공구와 친하지 않다. "해머를 가져오세요", "스패너로 돌리세요"라고 말해도 무슨 소리인지 전혀 알아듣지 못해서 가르치는 쪽이 난감해했다. "멍키를 가져오세요"라는 말에 어떤 여성 실버 직원은 "원숭이 말인가요?"라고 되물어서 어처구니가 없었다. 멍키는 '멍키스패너'라는 공구를 말한다.

인간의 기억력은 '에빙하우스Ebbinghaus의 망각곡선'이 말해주듯이 20분 후에는 기억한 내용의 42퍼센트를 잊어버리고, 1시간 후에는 56퍼센트, 하루가 지나면 74퍼센트, 이후에는 차츰 완만한 곡선을 그리면서 떨어진다. 다시 말해 하루만 지나도 거의 기억하지 못한다는 뜻이다. 실버 직원들은 새로운 일을 배우고 싶어도 전에 배운 것이 기억나지 않아서 답답해한다는 것을 알 수 있었다.

어떤 실버 직원은 소재를 컬링(앞부분을 둥글게 하는 작업)하고 나서 버Burr 제거(비금속 재료를 절단하거나 구멍을 뚫을 때 그 가장자리 부분에 생기는 가공 자국을 제거하는 작업)를 하고 구멍을 뚫는 공정을 해야 하는데, 버 제거를 건너뛰고 구멍을 뚫어서 다음 공정으로 보내버렸다. 확인 작업을 하던 현역 직원의 눈에 띄어 클레임으로 이어지지는 않았지만, 자신이 실수한 것을 알고 상당히 낙담했다. 정신을 바짝 차리고 진지하게 일했기 때문에 더욱 그랬다.

실버 직원도 무조건 외우려고 하지는 않는다. 수첩에 제품 그림을 그리거나 자기만 알 수 있는 별명, 비슷한 것으로 바꿔서 외우는 등 다양한 궁리를 짜내서 외우려고 노력했다. 그 모습을 보고 있으면 현역 직원들도 가능한 한 도와주고 싶은 기분이 든다.

실버 직원에게 작업을 가르칠 때는 정말이지 손짓발짓 해가며 기억하기 쉽게 가르쳤다. 재료를 잡는 법이나 쇠망치 치는 법 등 현역 직원이 직접 실버 직원의 손을 잡고 감각을 익혀주기도 했다. 어른이라도 처음 보는 큰 기계 앞에 서면 두려움이 밀려온다. 제대로 작업하면 다치지 않는다는 것을 알려주기 위해서라도 시중을 들 듯 가르치는 수밖에 없었다.

인간은 손발을 써서 배우면 설령 기억이 희미해져도 몸이 기억하기 때문에 저절로 움직인다. 특히 물건을 만들 때는 머리로는 이해한 것 같은데 실제로 해보면 전혀 기억나지 않는 경우가 많다. 야마모토 이소로쿠山本五十六(제2차 세계대전 당시 일본의 해군대장)의 "직접 보여주고, 들려주고, 칭찬해주지 않으면 사람은 움직이지 않다"는 가르침대로 해야 사람은 비로소 일을 기억하게 된다.

실버 직원들은 처음 잠시 동안은 불안해했지만, 곧 진정한 의미에서 일이 몸에 익었다. "스패너를 들고"라고 말하면 "스패너가 뭔데요?"라는 식의 대화를 하던 실버 직원이 몇 달 뒤에는 공구 상자에 들어 있는 공구의 이름을 거의 다 외웠고, 필요한 공구를 쓸 줄 알게 되었다. 지금은 "드레인 팬(에어컨 따위에 들어 있는 물받이 그릇) 11A0 말인데……", "도면에서는 R(곡선의 반지름)이 심한데……" 같은 전문용어도 술술 말할 줄 안다.

실버 직원 중에는 집에 돌아가서 업무일지를 쓰면서 그날 한 작업을 전부 기록하는 열성을 보인 분도 있는데, 입사 5년째에 업무일지가 10권이나 되었다고 자랑스럽게 말했다. 그런 노력이 결실을 맺은 것이라고 생각한다. 사람은 아무리 나이를 먹어도 새로운 것을 배울 수 있는 존재다.

A씨가 공장에서 모습을 감춘 이유

어느 날, 현역 직원이 헐레벌떡 사무실로 뛰어 들어왔다.

"사장님, A씨가 사라졌습니다."

"네!?"

직원과 함께 회사 곳곳을 찾아보았지만 A씨의 모습은 보이지 않았다. 사정을 들어보니 A씨는 프레스 작업 담당인데, 일이 좀처럼 손에 익지 않아서 자주 실수를 했다고 한다. 세 번째로 실수했을 때, 젊은 직원이 무심코 큰소리로 주의를 주었던 모양이다. A씨는 말없이 듣기만 했고, 그 후 갑자기 모습을 감추어버린 것이다.

처음에는 화장실에 갔을 거라고 생각했지만 아무리 기다려도 돌아오지 않았다. 화장실에도 없었고, 휴게실에도 없었고, 공장을 샅샅이 뒤져보았지만 어디서도 찾을 수가 없었다. 다른 직원에게 물어보니 "아까 집에 가던데요"라고 말해주었다. 다행히 사고가 난 것은 아닌 듯해서 안도했다.

다음 날 까닭을 들어보려고 A씨를 회사로 불렀다. A씨는 겸연쩍은 표정으로 내 앞에 앉아서 "저 자신에게 몹시 화가 나고 공연히 싫어지더군요. 그래서 집에 갔습니다"라고 말했다. "왜 안 되는지, 냉정하게 생각하고……." 고개를 숙이고 앉아 있는 A씨를 보고 있자니 더는 아무 말도 할 수 없었다.

조금 과장된 말일지 모르지만, 노인이 다시 일을 한다는 것은 어떤 의미에서는 자존심을 버려야 하는 것일 수도 있다. 주위의 직원은 대부분 나이가 어리기 때문에 손자뻘인 젊은이가 자신의 상사가 된다. 똑같이 싫은 소리를 들어도 비슷한 연배에게 듣는 것이라면 그럭저럭 참을 수 있다. 하지만 어린 사람에게라면 기분이 상한다.

정년을 넘긴 뒤에도 같은 회사에서 계속 일하는 경우라면 업무 환경도 그대로이고 지금까지 하던 일과 다소 차이는 있더라도 자신의 경험을 살릴 여지가 있다. 그러나 새로운 직장인 경우는 그렇지 않다. 그 사람이 전 직장에서 아무리 대단한 직함을 달았고, 아무리 경험이 풍부했어도 눈앞의 작업을 제대로 하지 못하면 좋은 평가를 받을 수 없는 것이다. 이는 정신적으로 큰 벽에 부딪힌 것과 같아서 과거에 얽매이지 않는 사람만이 새로운 환경에 적응할 수 있다.

바둑 기사인 고故 요네나가 구니오米長邦雄는 하부 요시하루羽生善治 같은 젊은 기사가 등장했을 때 그에게 고개를 숙이고 가르침을 청했다고 한다. 자택을 개조해서 요네나가 도장道場을 만들었을 때도 모리시타 다쿠森下卓라는 젊은 기사를 사범으로 모셔와 '선생님'이라고 깍듯이 부르며 가르침을 받았다. 그는 이런 말을 남겼다.

"젊은이에게 가르침을 청한다고 해도 세상은 주는 것이 있으면 받는 것도 있는 법이라, 그저 비집고 들어가는 것만이 능사가 아니다. 젊은이도 거만한 노인이 자기들 속으로 비집고 들어오는 것을 싫어한다. '함께 연구한다'는 겸허한 마음가짐과 정열이 없으면 젊은이는 떠나버린다."

그의 이와 같은 자세는 반드시 본받고 싶다. 나이를 먹을수록 겸허한 마음가짐을 잊기 쉽다. 하지만 노인이 솔직하게 자신의 처지를 받아들이고 열심히 노력하는 모습을 보여주면 주위의 의식도 바뀐다. 설령 작업이 서툴러도 모두 호감을 갖고 응원하고 도와준다. 이 역시 실버 직원들에게서 배운 인생의 교훈이다.

"마음은 언제나 뜨거워야 한다"

사카무라 신민의 「사훈四訓」이라는 시에 "강은 항상 흘러야 한다 / 머리는 항상 차가워야 한다 / 눈은 언제나 맑아야 한다 / 마음은 언제나 뜨거워야 한다"라는 구절이 있다. 얼마 전 라디오에서 한 타이완인 호텔 경영자가 "옛날 중국 젊은이의 눈동자는 희망이 없는 죽은 물고기 같았지만, 지금은 반짝반짝 빛이 난다. 그에 비해 일본 젊은이의 눈동자는 게슴츠레하다"고 말했는데, 회사에서 일하는 실버 직원들의 눈동자는 생생하게 빛이 나고 마음은 항상 뜨거울 뿐만 아니라 의욕이 충만하다. 그들은 정말이지 '노익장'이 무엇인지 온몸으로 증명해 보여준다.

처음에는 익숙하지 않은 작업에 당황하고 잦은 실수로 표정도 굳어 있었지만, 서서히 물 만난 물고기가 되었다. 확실히 '강은 항상 흘러야 한다'고 생각했다. 공장 일은 경험이 없으면 무리다, 손끝이 야무지지 않으면 어렵다고 생각하는 사람이 많다. 물론 물건을 만드는 일에는 재능이 필요하다고 느낄 수 있다. 나는 능력보다는 의욕이 먼저라는 것을, 실버 직원들을 보면서 날마다 실감한다.

제1차 모집에서 채용한 요시무라 유코는 67세에 입사해서 처음 맡은 일이 버 제거였다. 버 제거는 단순한 작업이지만 기계 부품의 높은 정밀도를 유지하는 데 빼놓을 수 없는 공정으로, 끈기와 꼼꼼함이 필수다. 그녀는 묵묵히 깎는 작업에 힘썼다. 버 제거 작업을 혼자서 해낼 수 있게 되자 다음은 좀더 고도의 기술이 필요한 우체통 만드는 쪽으로 배치해달라고 직접 부탁했다. 하나를 잘하게 되니 자신감이 붙은 것이다.

나는 항상 그 호기심과 의욕이 대체 어디에서 오는 걸까 하고 감탄한다. 그녀는 "원래 낙천적인데다 이것저것 하고 싶은 게 많아요"라고 말한다. 하지만 실패를 경험한 적도 있다. 공중 화장실의 핸드드라이어를 출하할 때 포장에 누락이 있었다. 작은 문제였지만 그 일 이후 실수를 하지 않으려고 세심한 주의를 기울였다. 그 모습에서 역시 안심하고 일을 맡길 수 있는 인재人材라는 것을 확신했다. 경력이 10년을 넘어선 지금은 다양한 작업을 맡을 만큼 회사에 없어서는 안 될 중요한 존재가 되었다.

그녀가 이렇게까지 일에 열정을 보일 수 있는 것은 자신이 남에게 도움이 된다는 것을 실감하기 때문이기도 하다. 길거리에서 핸드드라이어를 보거나 엘리베이터를 탔을 때 '혹시 우리가 만든 제품이 아닐까?' 하는 생각에 자신도 모르게 상표를 확인한다고 한다. 거래처 제품이라면 그럴 가능성이 크다.

그녀는 지금까지 직장에 다닌 경험은 있지만 공장에서 근무한 적은 없다고 한다. 중학교를 졸업하고 나고야에서 전화교환원을 한 것이 첫 직장생활이었다. 그 후 결혼한 뒤에는 전업주부로 아이들을 키우는 데 전념했지만, 아이들이 다 큰 뒤에는 가스회사에서 사무원으로 20년 정도 근무했다. 이렇듯 사회인으로서 쌓은 경험이 일하는 데 중요한 요소가 된다.

사회에 나가서 일을 하면 시간에 맞춰 업무를 끝내야 한다, 지시받은 일은 반드시 해내야 한다 같은 일의 핵심을 저절로 알게 된다. 사실 이런 핵심을 아는 것이 실버 직원의 무기다. 물론 우리 회사의 실버 직원들은 처음부터 일의 의미를 잘 알았기 때문에 직원 모집에 응모했던 것이고, 따라서 업무를 수행할 바탕은 어느 정도 갖추었다고 생각한다.

노인 중에는 고혈압을 비롯해 요통, 무릎 통증 등 지병이 있는 사람도 많다. 그러나 병이 낫기를 기다리다가는 아무것도 할 수 없다. 마음을 먹으면 몸은 저절로 따라온다. 실제로 마쓰타니 도시코는 식당 담당이었는데, 처음에는 다리와 허리가 약해서 2층 식당까지 올라가는 것조차 상당히 힘들어했다. 그런데 몇 달 지나자 도시락을 여러 개 담은 상자를 혼자 들고 올라가고, 찻잔을 쌓아놓은 상자도 운반하는 등 서서 일할 수 있게 되었다. 일이 좋은 운동이 되어서 체력이 향상된 것이다. 결코 노쇠한 몸에 채찍을 가하는 것이 아니라 '일이 곧 사는 재미'라며 신나게 일한다.

몸을 움직이지 않으면 머리도 금방 녹이 슬어서 잘 돌아가지 않는다. 따라서 아무 생각 없이 지내는 편한 환경보다는 머리를 써야 하는 환경에 있어야 한다. 집에 하루 종일 처박혀서 텔레비전만 보다가는 눈 깜짝할 사이에 몸과 머리가 녹슬어 버린다. 그리고 열정이 없으면 아무것도 계속할 수 없다.

무엇이든 꾸준히 해야 몸에 익는다. 재능은 다음 문제다.

흔히 자신의 한계를 정하는 것은 자기 자신이라고 한다. 나는 여기까지밖에 못한다고 마음먹으면 그것이 자신의 한계가 된다. 실버 직원의 기술이 향상된 것은 스스로 더 잘할 수 있다는 믿음 덕분이다.

팀플레이와 팀워크가 중요하다

예전 제조업 세계에서는 솜씨가 뛰어난 장인을 중시했다. 지금은 스타플레이어 한 사람만으로 장사가 되는 시대가 아니다. 우리 회사와 같은 제조업에서는 관중을 의식한 그랜드스탠드 플레이보다 팀플레이가 중요하다. 라인 작업은 여럿이 하는 일도 있고, 한 가지 부품이라도 모양을 만드는 사람이 있으면 그것을 깎고 다듬어서 완성하는 사람도 있다. 또 완성된 제품을 운반해서 상자에 담는 사람도 있다.

나만 잘하면 그걸로 끝이 아니라 다른 사람의 작업까지 염두에 두고 내 일을 해야 한다. 뭐가 중요하고 중요하지 않은 것이 아니라 무엇 하나도 빼놓을 수 없을 만큼 중요하다는 뜻이다. 우리 회사에서 오래 일한 숙련공은 지금까지 실적과 경험이 쌓였다는 자부심이 있다. 그래서 새로운 요구에 따르지 않고 지금까지 해온 방식을 고집할 때가 많다.

가령 품질 면에서 요구하는 치수가 지금까지는 공차公差 ±0.1로 비교적 느슨했지만, 최근에는 ±0.02로 100분의 1대를 요구하는 제품이 많아졌다. 그 때문에 종래의 금형제조 방식으로는 정밀도를 유지할 수 없게 되었다. 그런데도 숙련공은 '이 정도면 되겠지'라며 자신의 감각과 경험에 의지해버린다. 젊은 직원과 업무 방식에서 부딪히는 일도 있다. 양쪽 모두 진지하기 때문에 의견이 충돌하는 것이다.

한 사람의 감각이나 경험에 의지하게 되면 그 사람이 없을 때 곤란을 겪는다. 따라서 모든 직원이 기술을 공유해야 한다. 천재 타자 한 사람에게 의지하면 그 타자가 부상을 입었을 때 그것으로 게임 끝이다. 한 사람이 빠져도 문제없을 만큼 모든 선수의 수준이 높은 상태가 바람직하다. 1번 타자도 2번 타자도 각자 자신의 몫을 제대로 해내는 것이 중요하며, 한 사람씩 확실히 진루하기 위해 번트로 차근차근 선수를 내보내는 팀워크도 필요하다. 실제로 2009년 WBC(월드 베이스볼 클래식) 경기에서 스즈키 이치로鈴木一朗 선수는 스스로 번트를 대서 야구

팬들을 놀라게 했다.

회사가 위기에 봉착했을 때나 실적이 오르지 않아서 힘들때, 이 상황을 단숨에 날려줄 스즈키 이치로 선수나 마쓰이 히데키松井秀喜 선수 같은 인재가 있다면 하고 생각한 적도 있다. 하지만 중소기업인 우리는 역시 세련되지 않은 동네 야구처럼 '전원全員 야구'로 가는 수밖에 없다.

기업에는 일을 날래게 잘하는 직원도 있지만 조금 느린 직원도 있다. 완벽하게 일을 해내는 직원도 있지만 실수를 연발하는 직원도 있다. 이는 당연한 것이고, 나는 일을 못하는 사원도 그 나름으로 장점이 있다고 생각한다. 일할 때는 작업 순서를 자주 잊어버려서 실수를 많이 하지만 회식 때마다 분위기를 밝게 만드는 직원도 있다. 또 사람들과 잘 어울리지는 않지만 묵묵히 맡은 일을 해내는 장인 기질의 직원도 있다. 그 사람의 좋은 점에 빛을 비추고 그것을 이끌어내야 회사라는 팀을 하나로 뭉치게 할 수 있다.

사람은 종종 결점만 본다. 흰 벽에 검은 점이 찍혀 있으면 그것만 눈에 띈다. 좋은 점은 하얀 색에 파묻혀서 눈에 보이지 않기 때문에 검은 점만 보는 것이다. 왜 저 사람은 청소를 하지 않을까, 일을 하면서 떠들까 하며 그 사람의 극히 일부인 단점으로 그 사람의 전부를 판단한다. 이는 바람직하지 않다.

우리 회사의 하위 타선은 실버 직원이 맡고 있다. 한 걸음 한 걸음 착실히 일을 해서 클린업트리오(중심타자)인 젊은 선수로 이어지게 해준다. 실버 직원이 열심히 하기 때문에 젊은 직원들도 자신의 특색을 발휘할 수 있으므로 실버 직원은 그야말로 회사를 지탱하는 기둥의 일부라고 하겠다. 그런데 '3명만 모여도 파벌이 생긴다'는 말이 있다. 여럿이 모이면 내분을 피할 수 없다는 뜻이다. 이는 실버 직원들 사이에서도 예외가 아니었다.

생각이 조금 달라서 생긴 내분도 그대로 놔두면 훗날 팀워크를 어지럽히는 원인이 된다. 그러므로 평소 관리가 중요하며, 술을 마시면서 친목을 다지는 것도 유효하다고 생각한다. 그래서 2002년 6월에 '열심히 일한 포상'이라는 이름으로 나와 사장(현 회장), 실버 직원 10명이 다카야마高山 · 게로下呂 온천으로 1박 2일 여행을 다녀왔다. 함께 온천물에 몸을 담그고, 밤에는 회식 자리에서 무릎을 맞대고 앉아 술잔을 기울이니 저절로 유대감이 깊어졌다. 그리고 나니 사소한 갈등 따위는 간단히 해결되었다.

이 여행이 상당히 호평을 받아서 다음 해에도 실버 직원

지금은 현역 직원의 가족 여행에 실버 직원도 참가한다.
벽이 자연스럽게 사라지고 직원 전체가 일체감을 갖게 되었다.

12명이 지타知多 반도의 도바鳥羽로 여행을 갔다. 그 밖에 '가족 모임'이라는 이름으로 실버 직원의 가족을 초대해서 당일치기 여행도 갔다. 가족 모임에 자식과 손자를 여러 명 데려온 분도 있었다. 손자들에게 "할아버지, 회사가 할아버지를 많이 좋아하나 봐요", "일을 정말 열심히 하시네요"라는 말을 들으면 할

084

아버지로서는 어깨가 으쓱해진다. 가족에게 자신이 아직 건재하다는 것을 보여줄 수 있어 일할 의욕도 높아지는 모양이다.

실버 직원끼리의 여행은 두 번뿐이었고, 그 후로는 한 해 걸러 실시하는 회사 전체 가족 여행에 실버 직원을 참여시키는 쪽으로 바꾸었다. 그 무렵부터는 실버 직원과 현역 직원의 벽이 자연스럽게 사라져 직원 전체가 일체감을 갖게 되었기 때문이다. 노인 고용을 시작하고 3년째에 비로소 내가 마음속으로 그리던 '가토제작소 팀'의 모습이 실현된 것이다.

능력 있는 사람은 나이를 먹어도 유능한 법이다

젊었을 때 몸에 익힌 기량이 나이를 먹어도 쇠하지 않았을 때 '왕년의 솜씨'라는 말을 쓰는데, 일에서도 마찬가지다. 우리 회사에서 정년을 맞이한 직원이 보유한 자격증은 업무에 그대로 도움이 된다. 새로 들어온 실버 직원 중에 당장 회사에 도움이 될 만한 자격증을 가진 사람은 적다. 그래도 대형 트럭 면허를 가진 사람도 있고, 위생관리사(직장에서 건강을 저해할 장애를 제거하는 등 위생 전반을 관리하는 사람) 자격증을 가진 사람도 있다. 어쨌든 그 경험과 기술을 살릴 때가 올 수 있다.

우리 회사에 필요한 자격증은 없지만 대부분 다양한 직업을 경험한 분들이다. 과거 직장에서 얻은 경험은 지금 직장에서 '왕년의 솜씨'로 되살릴 수 있다. 입사 3년차인 가쓰라가와 가쓰요시는 60세까지 목수로 일했다. 마지막 몇 년은 도편수를 지낼 정도로 기술이 뛰어났다고 한다. 목수라고 하면 완고하고 철저한 이미지가 강하지만, 그는 새로운 환경에 뛰어들만큼 사고가 유연하고 "지금까지는 목재를 다루었지만 앞으로는 금속"이라고 말할 만큼 적극적이었다.

새로운 일에 익숙해지자 장인 기질을 살려서 "목재는 건조해서 갈라지거나 휘지만 금속은 한 치의 오차도 없이 솔직하다. 과연 매일 접하다 보니 애착이 솟는다"며 자신의 일을 소중하게 여긴다. 그도 처음에는 간단한 작업을 맡았지만, 그 일이 능숙해지면서 드레인 팬을 다루는 부문에 배속되었다. 스테인리스 판의 용접할 곳을 브러시로 문지르고, 천에 에탄올과 시너를 묻혀서 때와 불순물을 제거하는 작업이다.

작업 자체는 간단하지만 정해진 시간 안에 끝내려면 작업하는 내내 한눈을 팔 틈이 없다. 그런 점에서 그는 잠시도 집중력을 잃지 않고, 타고난 프로 의식으로 그 일을 정확하게 해내고 있다. 이 일도 예전 나무 하나하나에 정신을 집중해서 고르게 대패질을 하던 경험을 살린 것이라고 생각한다. 소재는 달라도 깔끔하게 마무리한다는, 일하는 데 필요한 자세는 같은 것이다.

마찬가지로 장인이라면 무엇이 소중한지 안다. 정리의 중요성과 정성스럽게 일하는 의미 등 기초적 사고가 잡혀 있다. 일하는 데 필요한 지식을 몸에 익히는 방법도 알기 때문에 그만큼 빨리 흡수한다.

지금까지 서서 일해본 적 없는 사람이 공장에서 일을 하면 처음에는 상당히 힘들어한다. 공장에서 하는 일은 대부분 서서 하기 때문이다. 그래서 과거에 사무직이었던 사람은 업무에 익숙해지기까지 많은 시간이 걸린다. 이런 사소한 부분에서도 경험 유무가 업무에 큰 차이로 나타난다.

우체국 직원으로 정년까지 근무한 고토 신페이는 전직 경험을 살려서 제조라인이 아닌 총무 업무를 담당했다. 마침 그 무렵 한창 'ISO14001(환경 매니지먼트시스템에 관한 국제 규격)' 취득을 준비하던 중이라 서류 정리와 자료 작성은 안심하고 맡길 수 있었다. ISO14001 사무를 보려면 전문지식과 자격증이 필요하다. 그 때문에 그에게는 'ISO14001 내부감사원' 강의를 수강하게 해서 자격증을 따게 했다. 그 밖에 '특별관리산업폐기물 관리책임자' 자격증도 따서 눈 깜짝할 사이에 회사에서 없어서는 안될 사람이 되었다.

총무 업무는 다방면에 걸친 경험과 섬세한 배려가 필요하다. 그 점에서 2년마다 나카쓰가와시의 우체국에서 순환 근무를 하며 갈고닦은 고토 신페이의 소통 능력은 큰 도움이 되었다. 당시 80명 정도였던 직원들의 이름도 한 달 만에 모두 외워서 젊은 직원들과 쉽게 친해졌던 것이다.

지금까지의 업무가 곧바로 도움이 되는 점도 좋지만, 그보다 중요한 것은 노인은 삶의 기본이 완성되어 있다는 점이다. 그들의 인생이 고스란히 '왕년의 솜씨'라고 해도 과언이 아니다. 능력 있는 사람은 나이를 먹어도 유능한 법이다.

인생을 빈둥대며 보내고 싶지 않다

요즘 젊은이들은 교류가 없다고 자주 한탄하는데 이는 노인도 마찬가지다. 학창 시절에는 친구를 사귀는 일 따위는 아무것도 아니지만, 사회에 나와서 친구를 사귀는 일은 무척이나 어렵다. 나이가 들면 배우자가 먼저 세상을 떠나거나 친하게 지내던 친구가 병원에 입원해서 말벗을 잃고, 동호회에서도 서로 자기 고집만 내세우다 관계가 틀어져버려 결국은 주위에 마음을 나눌 친구가 하나도 없다. 그렇다면 나이가 들어서 친구를 사귀는 방법 중 가장 빠르고도 손쉬운 길은 일을 하면서 친구를 찾는 것이 아닐까?

회사라는 사회를 통해서 만나면 일단 서로 적당히 조심한다. 같은 조직에 속했다는 연대감과 비슷한 어려움을 겪는 동료라는 공감대가 형성되기 때문에 동호회보다 훨씬 강한 유대감이 생긴다. 실버 직원 중에 특히 여성들은 점심시간을 즐거워한다. 휴게실에서 도시락을 먹으면서 "여기에 와서 살이 찐 것 같아요", "무슨 소리. 여전히 날씬한데"라며 이야기꽃을 피운다. 역시 동료와 보내는 시간이 행복한 한때인 것이다.

이와 같은 실버 직원들의 존경을 한 몸에 받고 있는 사람은 새빨간 헬멧을 쓰고 청바지 차림으로 자전거에 걸터앉아 씩씩하게 출근하는 최고령의 마쓰타니 도시코 할머니다. 그 할머니는 실버 직원들의 점심시간에 테이블을 닦거나 도시락과 차

실버 직원들이 휴게실에서 도시락을 펼쳐놓고 이야기를 나누고 있다. 할머니 직원들의 즐거움은 역시 점심시간이다.

를 준비하기 위해서 토요일과 일요일 2시간만 출근한다. 현장 직원이 실버 직원의 음식을 준비하기 위해서 출근하는 것도 바람직하지 않고, 같은 또래인 할머니라면 다른 사람은 눈치 채지 못하는 어려움도 잘 보살필 수 있지 않을까 하는 생각도 내심 있었다.

내 생각은 정확히 맞아떨어졌다. 사람들에게 도시락을 나뉘줄 때도 한 사람 한 사람 정성스럽게 건네주고, 손이라도 맞닿으면 "오늘은 손이 차다"며 작은 변화도 놓치지 않고 관심을 보여주는 것이다. 할머니도 동료들과 함께 도시락을 먹는다. 많은 사람과 대화를 나누면서 도시락을 먹는 것이 무엇보다 즐겁다고 한다.

할머니는 "여러분을 만나는 것이 즐거워요. 아무 일도 하지 않고 빈둥대며 인생을 보내는 것보다 여기에 오면 신이 나니까요"라고 기쁜 표정으로 말한다. 80대라고 하지만 주름도 거의 눈에 띄지 않는데다가, 다른 실버 직원들도 "저도 할머니처럼 나이를 먹고 싶어요", "할머니의 밝은 성격 덕분에 저절로 웃게 되네요"라며 동경의 대상으로 삼을 만큼 긍정적인 성격이다.

이처럼 서로 존경하는 환경은 역시 직장에서만 가능하지 않을까? 일이 얼마나 힘든지 서로 잘 알기 때문에 저절로 존경하는 마음이 싹트는 것이다. 실버 직원들은 동료 의식도 강해서 누군가 표정이 어두우면 "오늘 몸이 안 좋은가 봐요. 무슨 일 있어요?"라며 서로 관심을 갖고 보살핀다.

친구가 되는데 나이는 상관없다. 실버 직원을 보면서 나는 그렇게 믿게 되었다. 취미로 밭을 가꾸는 사람은 동료를 위

해 정성껏 농사 지은 채소를 가져오고, 식물을 좋아하는 실버
직원은 난을 키워서 모두에게 선물한다. "작년에 준 난이 올해
도 꽃을 피웠다는 소리를 들으면 나도 기뻐요"라는 말을 듣고,
역시 남을 기쁘게 할 때 가장 큰 기쁨을 느낀다는 것을 마음 깊
이 느꼈다. 젊어서는 다른 사람과의 만남이 얼마나 귀중한지
좀처럼 실감하기 어렵다. 노인은 그 점을 잘 알기 때문에 동료
와 보내는 시간을 소중하게 여기는 것이다.

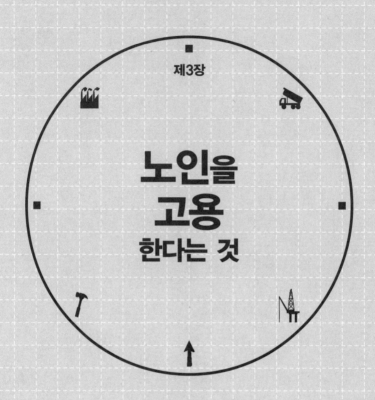

제3장

노인을
고용
한다는 것

"작업대 주위가 너무 어두워서 잘 보이지 않는다"

실버 직원들만으로 공장을 가동하던 초기에는 부저 소리와 함께 자주 기계가 멈추었고, 그때마다 지도를 맡은 현장 직원이나 내가 달려가야 했다. 이 상황을 극복하기까지 나름 고생이 많았다. 두 할머니 직원이 담당한 현장에서 일어난 사례다. 두 분 모두 공장에서 근무한 경험은 없었다.

한 분은 부부가 함께 생선가게와 배달음식점을 운영했는데 성격이 밝고 아주 젊어 보였다. 창사 120주년 기념식 전에 감사 모임을 열었을 때, 품위 있게 고운 전통의상 차림으로 참석했던 것은 지금도 기억에 선명하다. 또 한 분은 제조회사에서 총무 관련 업무도 보고 사원기숙사도 관리했는데, 진지하고 예의바르며 사람을 대하는 태도도 좋았다. 허리가 조금 굽었지만 75세인 지금도 현역으로 활약한다.

두 분은 입사하고 얼마 지나지 않아 철판을 프레스 가공해서 성형한 다음, 구멍 안쪽에 나사 홈을 내는 탭 가공이라는 작업을 했다. 이 가공 자체는 탁상의 탭퍼라고 부르는 기계로 홈을 파는 쉬운 일이다. 제품의 종류가 많고, 더구나 제품에 따라 구멍이 2~3개에서 그보다 훨씬 많을 때도 있어서 그 구멍에 전부 홈을 내야 한다.

처음에는 나도 눈에 잘 띄는 위치에 구멍이 나 있으니까 작업이 간단할 것이라고 생각했다. 그런데 그분들은 자주 홈파기를 잊어버렸다. 한 구멍이라도 가공하지 않으면 거래처에서 나사를 조일 수 없다. 출하 전 검사에서 발견하지 못해서 불량품을 내보내면 회사의 신용이 떨어진다.

우리가 실버 직원을 고용했다는 것은 거래처도 알고 있었지만, 미숙한 실버 직원이 만든 제품이니 다소 상태가 좋지 않더라도 이해해달라고 말할 수는 없다. 현역 직원이든 실버 직원이든 가토제작소에서 만든 이상 모든 책임은 회사가 져야 한다. 불량품이 나왔다고 두 분에게 말하자 지금까지 하던 것 이상으로 집중해서 작업을 해주었다. 그런데도 시간이 지나면 또다시 홈파기를 잊어버렸다. 이는 주의를 기울이는 것만으로는 방지할 수 없는 문제였다. 어떻게 해야 좋을지 검토하다가 그분들에게 작업에 무슨 문제가 있는지 의견을 물었다.

그러자 "작업대 주위가 너무 어두워서 잘 보이지 않는다", "조금만 더 밝으면 좋겠다"는 대답이 돌아왔다. 또 "구멍 10개에 홈을 내려고 했는데 깜빡했다", "정한 수만큼 다 파면 누가 알려주면 좋겠다"고 말했다. 이런 의견을 듣고 즉시 현장 환경 개선에 착수했다.

우선 조명 문제였는데, JIS Japan Industrial Standard(일본공업규격) 조도 기준에 따르면 일반 제조 공정에서 보통 일을 할 때는 300룩스 정도면 충분하다. 물론 우리는 기준 이상의 조도를 확보했지만, 실버 직원들에게는 어두웠던 모양이다. 조명기구를 새로 밝은 것으로 바꾸고, 나아가 조명의 위치도 낮춰 작업대 주위의 조도를 800룩스까지 높일 수 있었다. 또, 홈을 팔 곳과 개수를 임의로 설정해서 그 수를 채우면 기계가 자동으로 알려주게끔 큰 소리가 나는 부저를 달았다. 이렇게 해서 실버 직원들이 작업할 수 있는 만반의 준비를 갖추었다. 두 분 모두 작업이 쉬워졌다고 기뻐했기 때문에 앞으로는 홈파기를 잊지 않을 것이라고 안도했다.

그런데 얼마 뒤 다시 똑같은 문제가 발생했다. 이번에는 현역 직원들의 입에서도 불만이 터져나왔다. "조명도 밝게 해주었고, 알림 부저까지 달아주었는데 왜 아직도 불량품이 나오는 거죠?", "역시 이 일은 노인한테는 무리가 아닐까요!", "정말로 일할 마음이 있기는 한 걸까요? 불량품이 나오는 걸 어떻게 생각하십니까?"라며 수많은 비난이 내게 쏟아졌다.

이런 이야기를 직접 말해주지는 않았지만, 실버 직원들도 험악한 분위기를 알아차렸는지 직장에는 어색한 공기가 흘렀다. 그분들을 지도했던 책임자도 마침내 심한 말을 뱉어버렸다. 나도 솔직히 고민했지만 여기에서 포기할 수는 없었다. 다시 한 번 불편한 점이나 힘든 점이 있는지 물었다.

처음에는 주저하다가 결국 "모처럼 부저를 달아주었는데 옆자리에서 나는 소리와 똑같아서 헷갈릴 때가 있어요", "나와 동료가 키가 서로 다른데 작업대 높이는 같으니까 일하기 힘들어요. 그래서 가끔 허리가 아파요. 그게 신경 쓰입니다"라며 조심스럽게 이야기해주었다. 이야기를 들은 나는 '그렇구나. 좀더 배려해서 부저를 달아야 했구나' 하고 깨달았다.

사람을 작업대에 맞추는 것이 아니라 작업대를 사람에게 맞춰야 했던 것이다. 젊은 직원이나 중년 직원은 작업대의 높이가 맞지 않아도 그다지 몸에 부담이 가지 않는다. 허리가 아프더라도 잠시 쉬면 금방 낫는다. 이 점이 현역 세대와 실버 세대의 차이라는 것을 마음 깊이 느꼈다.

그 후 부저 소리를 장치마다 달리하고, 소리도 너무 크고 시끄러우면 일하다가 깜짝 놀라는 수가 있어 부드러운 멜로디로 바꾸었다. 작업대도 각자의 키에 맞추어 조정할 수 있게 개선했다. 더불어 작업을 좀더 쉽고 편하게 할 수 있는 방법이 없는지 알아보기 위해 나는 몇 번씩 현장을 시찰해서 개선점을 발견했다.

먼저 홈을 쉽게 파도록 제품을 고정하는 장치를 제작했다. 또, 작업 순서를 한눈에 알아볼 수 있게 큰 사진을 덧붙인 작업순서도도 실버 직원용으로 작성했다. 이처럼 개선에 개선을 거듭한 결과 한 달에 몇 건씩 발생하던 홈파기 누락 문제를 멋지게 해결했다. 처음으로 불량품 제로를 달성했을 때는 나도 기뻤지만 누구보다 실버 직원들이 크게 기뻐했다.

지금도 개선 작업은 계속하고 있는데, 안 쓰던 로봇을 활용해서 올바른 위치에 정한 개수만큼 나사 구멍을 팠는지를 판별하는 장치를 제작했다. 이로써 실버 직원들이 한층 안심하고 작업할 수 있게 되었다.

실버 직원을 고용하려면 먼저 회사의 사고가 유연해야 한다. 하지만 분명 가치 있는 시도라고 나는 단언한다. 제조 현장을 좀더 안전하고 원활하게 작업할 수 있는 환경으로 정비하는 것은 실버 직원뿐만 아니라 모든 직원에게 필요한 일이다. 무엇보다 창의적으로 궁리할 기회를 얻을 수 있고, 환경을 개선하면 직원들에게 기쁨도 줄 수 있다. 이처럼 회사가 나서서 일하기 좋은 직장을 만들어나가야 한다.

장벽을
제거하다

실버 직원을 채용할 때 배리어 프리barrie free는 빼놓을 수 없는 과정이다. 처음에는 계단이나 화장실에 손잡이를 부착하는 정도로만 생각했지, 현장 작업에 필요한 배리어 프리까지는 생각하지 못했다. 실제로 실버 직원을 고용하고 나서 현장에 다양한 불편이 있다는 사실을 알아차렸다.

원래 배리어 프리란 건축 용어로 '배리어(장벽)'를 '프리(제거)'하다, 다시 말해 장애가 될 만한 요소를 제거하여 생활하기 편하게 만든다는 뜻이다. 배리어 프리를 실현하기 위해 모든 작업 환경에서 개선할 수 있는 점을 재검토했다.

먼저 냉난방. 공장은 아무래도 여름에는 덥고 겨울에는 춥다. 겨울철 바깥 기온은 영하 6도, 공장 내부라고 해도 0도 정도다. 현장마다 난로를 설치했지만 실버 직원들은 추울 수밖에 없다. 그래서 천장에 난방 기구를 몇 개 더 설치했다. 이것으로 넓은 범위를 따뜻하게 덥힐 수 있게 되어 공장 내 전체 온도가 올라갔다. 결과적으로 에너지 절약을 실현할 수 있었던 것도 또다른 수확이다. 여름철에는 소형 냉풍기를 작업장마다 두어 열사병 대책도 확실하게 지도했다.

다음은 설비 개선. 지금까지 주택용 건축자재에 쓸 고정 금구金具는 한 상자에 50개씩 넣어 하루 400상자를 포장했다. 실버 직원은 금구를 세어서 상자에 담는 작업을 담당했는데, 잘 못 셀 때가 많았다. 눈을 상당히 혹사시키는 작업이라 눈이 나쁜 실버 직원에게는 육체적으로도 정신적으로도 상당히 부담이 큰 일이었다. 그래서 반자동으로 상자에 넣는 기계를 도입했다. 사람은 고정 금구를 기계에 넣기만 하고, 나머지는 기계가 알아서 정한 숫자에 맞춰 상자에 담아주는 것이다. 이로써 정확하게 포장할 수 있게 되었고 실버 직원의 부담도 해소되었다.

너트를 용접하는 공정에서도 지금까지는 작은 너트를 하나씩 집어서 구멍에 넣은 다음 용접했다. 그런데 구멍이 아주 작아서 제대로 끼우는 데 집중하다가 실수로 손가락 끝이 끼거나 부상을 당해서 여기에도 기계를 도입하기로 했다. 너트를 자동으로 공급하는 장치를 용접기에 부착해서 사람은 판의 구멍에 기계를 맞추기만 하면 된다. 이렇게 하자 시간도 적게 걸렸고 사고도 나지 않았다.

가정용 난방기의 연료탱크 아래쪽 뚜껑에 접착제를 바르는 작업이 있다. 기름이 새지 않게 하려면 균등하게 발라야 한다. 따라서 작업 속도는 늦어지고, 바를 때 몸을 앞으로 숙이고 작업하기 때문에 실버 직원에게는 부담스러운 일이었다. 그래서 접착제를 바르는 로봇을 도입했다. 자동화된 작업과 균등한 발림으로 작업이 편해지고 효율도 3배나 올랐다.

이 연료탱크는 등유 누출을 방지하기 위해서 수몰 누출검사장치로 검사를 마쳐야 한다. 난방기가 잘 팔리는 겨울철에는 손을 물에 담가서 검사해야 하므로 실버 직원에게는 가혹한 작업이었다. 이 문제도 검사 장치에 온수를 순환시키는 펌프 통을 부착해 전열로 물을 데워 겨울철 작업도 힘들지 않게 했다.

작업장 외에도 휴게실 한 부분을 전통식으로 바꾸어서 피곤하면 누워서 쉴 수 있는 공간으로 꾸몄고 마사지 의자도 구입했다. 한 달에 한 번, 산업의産業醫(직장에서 노동자의 건강진단, 보건교육, 기타 건강관리를 담당하는 의사)와 상담할 수 있는 건강 카운슬링 코너도 마련해 실버 직원의 건강관리에도 만전을 기했다. 이 정도는 되어야 비로소 배리어 프리를 실현했다고 말할 수 있지 않을까?

여기까지 읽고, 실버 직원을 위한 설비투자를 하느니 차라리 현역으로 일할 직원을 고용하는 편이 낫겠다고 생각하는 사람도 있을 것이다. 사실 이러한 설비를 갖추는 데 3,000만 엔 가까이 들었다. 중소기업으로서는 상당히 과감한 투자다. 이제야 하는 소리지만 이 돈은 거의 조성금으로 마련했다.

처음에 고용한 실버 직원 14명의 총 인건비는 현역 직원 1.3명에 해당하는 금액이었다. 그러나 14명이 해내는 업무량은 현역 직원 1.3명이 하는 업무량보다 훨씬 많아 이는 상당한 이익이다. 투자한 3,000만 엔도 눈 깜짝할 사이에 회수할 수 있었다. 무엇보다 이런 큰 투자는 회사에 여유가 있을 때 해두는 편이 좋다.

2008년 가을, 리먼브라더스 사태 이후 경기가 악화되었을 때 우리도 수주가 줄어든 시기가 있었다. 그 시기에 실버 직원을 고용했다면 만족할 만한 설비투자 따위는 불가능했을 것이다. 앞으로 20년 내에, 노인이 일하지 않으면 기업을 꾸려나갈 수 없는 시대가 도래할 것이다. 그렇게 된 뒤에 설비를 갖추려고 하면 매우 늦다. 지금부터 미래를 읽어서 노인이 중심이 되어도 공장을 가동할 수 있는 체제를 갖추지 않으면 격동의 시대에 살아남을 수 없다. 옛날에는 취직하는 젊은이를 '황금gold 알'이라고 표현했는데, 다가올 시대에는 '은silver 알', 즉 실버 세대의 힘을 효과적으로 활용해야 한다.

'인생의 달인'이 '일의 달인'은 아니다

작업 현장에서 발생하는 문제는 그럭저럭 해결했지만 때때로 사소한 문제가 발생했다. 바로 인간관계에서 일어나는 문제였다. 현역 직원과 실버 직원의 갈등과 실버 직원 간의 갈등이다. 역시 나이를 먹어도 인간관계는 어려운 법이다. 우리 회사에서는 매월 정례 작업장별 품질 회의에서 지난달의 불량 발생건수를 보고한다.

통상 불량품이 발생하면 발생자 칸에 이름을 명기하는데, 실버 직원이 불량품을 발생시키면 이름 대신 그냥 '실버'라고만 썼다. 이는 당시 현역 직원의 마음을 대변한 것이었다. 표현이 매우 불손한데, 실버 직원을 얕잡아 보는 사고가 있었음을 부정하지 않겠다. 그밖에도 무슨 일만 생기면 "뭐, 노인네니까 하는 수 없지"라며 체념해버렸다.

이렇게 된 것은 내가 올바로 지도하지 못한 결과라고 생각한다. 모든 노인은 인생의 선배이자 다양한 길을 걸으면서 경험을 쌓아온 인생의 프로다. 실버 직원을 채용하기 전부터 나는 현역 직원들에게 그 점을 단단히 일렀고, 경의를 갖고 대하며 말투에 충분히 주의하라고 당부했지만 뜻대로 잘 되지 않았다. 실제로 노인을 지도해보니 똑같은 일을 몇 번씩 설명해도 잊어버리고 불량품도 자주 발생했기 때문에 현역 직원들의 짜증은 상당했다.

실버 직원도 '젊은 사람이 얕잡아 보지 못하게 하겠다'는 자부심이 있었다. 동시에 '왜 이런 일로 싫은 소리를 들어야 하지?'라고 불합리하게 느끼기도 했다. 주의를 들으면 미안하다고 사과하면서도 내심 공손하지는 않았던 것 같다. 실버 직원 중에는 일기에 "야단을 맞으면 주눅이 들어서 머리에 제대로 들어오지 않는다. 좀더 친절하게 가르쳐줄 수는 없는 걸까?', '비참한 생각이 들어 눈물이 났다', '울컥했다'고 쓰기도 했다.

그런 현역 직원들의 차별 의식을 바꾼 것은 바로 실버 직원의 진지한 태도였다. 시간은 걸렸지만 작업을 잘할 수 있게 되고 불량품도 거의 나오지 않자 현역 직원도 아무 말 하지 않게 된 것이다. 실버 직원은 불량품이 생겨도 검품檢品 단계에서 놓치지 않게 되었고, 만에 하나 불량품을 발견하면 출하한 다른 물품에 문제가 없었는지 곧바로 조사하러 뛰어갔다. 이미 출하된 뒤라면 거래처까지 달려가서 확인했다.

실버 직원의 그런 모습을 보면서 그들이 자부심을 가지고 일한다는 사실을 인정하지 않을 수 없었다. 때때로 젊은 직원보다 진지하게 일에 몰두했다고 해도 과언이 아니다. 주말이 아닌 평일에도 일을 해달라고 부탁한 것은 오히려 현역 직원 쪽이었다.

반면 두 번째 문제인 실버 직원끼리의 갈등은 상당히 번

거로운 문제였다. 남자끼리는 문제가 거의 없었지만 여자들의 인간관계는 나이를 먹어도 어렵다. 특히 회사에서는 남녀를 불문하고 모든 일의 시급이 똑같기 때문에 같은 작업장에서 일을 하면 아무래도 상대방이 얼마를 받는지 신경이 쓰인다. '나는 A보다 일을 많이 했는데 똑같은 돈을 받는 건 말이 안 된다", "B는 떠들기만 하고 손도 느려서 일을 제대로 하지 못한다", "C와 D가 내 욕을 했다'며 어린아이처럼 불만을 터뜨렸다. 사소해 보이지만 당사자에게는 중대한 문제다.

그중에서도 손이 빨라서 일을 척척 해낸다고 자타가 공인하는 사람일수록 자신감이 커서 쓸데없이 다른 사람에게 공격적이 되는 경향이 있다. 자기보다 어린 사람에게 싫은 소리를 듣는 것도 기분 나빠했지만, "이봐, 여기는 이렇게 해야지", "제대로 해봐"라며 같은 세대가 명령조로 말하는 것도 그것대로 기분 나빠했다.

직원들이 중재를 해보았지만 한 번 생긴 거리감은 좀처럼 회복되지 않아서 하는 수 없이 다른 부서로 옮겨야 하는 일도 있었다. 솔직히 이런 경우는 나도 지도하기 어렵다. 그 사람의 성격에 따라서도 다르지만, 나도 인생의 선배이자 노력하는 분에게 주의를 주는 것은 조심스러웠다. 이때는 우선 상대방이

하는 말을 충분히 듣는 데 유의했다.

이야기만 잘 들어주어도 문제의 절반은 해결된다. 설득하려고 들거나 내 의견을 강요하면 "내 기분을 이해하지 못한다"며 반감을 품는다. 설령 이야기의 앞뒤가 맞지 않아도 꾹 참고 귀를 기울이기로 관리자들 간에 합의했다. 이는 노인뿐만 아니라 여성에게는 흔한 문제이기도 하다. 자신과 궁합이 잘 맞는 사람도 있고, 또 주는 것 없이 싫은 사람도 있다. 더구나 나이가 들면 젊은이에 비해 유연함이 부족해서 거절할 때 냉정하게 내치기도 한다. 노인은 존경해야 할 대상이지만 인생의 달인이라는 이유로 과하게 기대하지 않는 편이 좋다.

"얼마 전에 가르쳐주었잖아요"

경영자로서는 2~3가지만 가르쳐도 10가지를 이해하는 직원이 이상적이다. 그렇지만 현실은 그렇지 않아서, 젊은 신입 사원도 5~6가지를 가르쳤는데 10가지를 이해하면 상당히 우수한 수준이다. 실버 직원은 10가지를 가르치려면 10가지 이상을 말해주어야 한다. 시간을 들여서 10가지 이상 가르쳐서 겨우 이해시켰다고 좋아했는데, 다음 주에 그 10가지조차 기억하지 못할 때도 있다.

이는 성격과는 전혀 관계가 없고, 역시 나이 탓이다. 신체의 노화에 따라 기억력도 함께 쇠하므로 노력이나 근성으로 해결할 수 있는 문제가 아니다. 노인은 원래 그렇다고, 가르치는 쪽도 배우는 쪽도 각오해야 한다. 실버 직원도 메모를 하는 등 필사적으로 기억하려고 애쓰지만 쉽게 잊어버리는 것은 어쩔 수 없다. 기억해내기 위해서 꼼짝도 하지 않고 머리를 쥐어짜는 모습도 자주 볼 수 있었다.

그래서 실버 직원에게는 기억에 의존하지 않고 작업할 수 있게 작업 순서를 적은 설명서를 만들어주고, 그것을 가까이 두고 작업하게 했다. 착각해서 다른 버튼을 누르지 않게 기계에 그림판을 붙이기도 했다. 이런 환경은 가르치는 쪽에서 정비해야 한다. 또, 가르칠 때는 전하는 방법에 주의를 기울여야 한다. "얼마 전에 가르쳐주었잖아요"라고 핀잔을 주듯이 말하면 틀림없이 감정이 상한다. 그렇게 말하고 싶어도 꾹 참고, 몇 번이든 똑같은 설명을 되풀이하는 수밖에 없다.

이쪽에서 먼저 화를 내면 모든 것이 물거품이 된다. 화를 내면 실버 직원은 위축되어서 작업을 못하게 될 뿐만 아니라 그나마 기억한 것도 완전히 잊어버린다. 작업에 익숙해지면 모든 문제가 해결되므로 화를 내보아야 소용없다, 다시 가르치면 된다고 단단히 마음먹고 끈기 있게 가르치리라 다짐했다.

실버 직원의 자존심에 상처가 되지 않도록, 주의를 줄 때는 다른 사람 앞에서가 아니라 일대일로 말하는 것도 기본이다. 나는 그들보다 나이가 적기 때문에 이 점만큼은 세심하게 주의했다. 책망하는 말투가 되지 않게 신경 쓰면서, 평소에 이야기하듯 개선할 점을 전했다. 반대로 칭찬할 때는 다른 사람 앞에서 큰 소리로 이야기했다. 조금이라도 나아진 점이 있으면 그 자리에서 칭찬했다. 업무 내용은 물론이고 "머리 모양이 바뀌었네요", "염색하셨나봐요"라며 외모의 변화조차도 놓치지 않고 즉시 표현했다.

칭찬은 말뿐만 아니라 글로도 했다. 우리 회사에서는 매년 상여금을 지급하는데, 이때 모든 직원에게 친필로 쓴 편지를 함께 나눠준다. 실버 직원은 상여금이 없기 때문에 편지만 준다. 직접 쓴 편지를 받으면 누구나 기분이 좋아지고, 여러 번 다시 읽게 되므로 기억에도 오래 남는다. 이때, "저번에 날씨가 추웠던 날, A씨는 솔선해서 공장 마당을 청소했습니다", "B씨에게 친절하게 일을 가르치셨습니다"라고 구체적으로 칭찬한다. 그러면 관심을 갖고 지켜보고 있는 마음이 상대방에게도 전해진다. 이와 같은 작은 일이 더해지면 신뢰 관계는 더욱 돈독해진다.

'능력위원회'를 만들다

실버 직원은 현역 직원을 보조하는 위치지만, 회사를 구성하는 일원이라는 점에서는 다르지 않다. 그러므로 실버 직원이 일하기 좋은 직장을 만드는 것은 당연한 일이다. 우리는 배리어 프리를 도입했다고 말했는데, 그것으로 모든 문제가 해결된 것은 아니다. 만드는 제품이 달라지면 작업도, 때로는 환경까지도 바뀌어야 한다. 늘 개선해야 하는 것이 제조업의 숙명이고 그것이 결과적으로 일하기 좋은 직장이나 실버 직원에게 편한 직장으로 이어진다고 생각한다. 구체적으로는 글씨가 작아서 잘 보이지 않는다면 크게 쓴다. 글로만 설명하기보다는 사진이나 그림으로 명시해서 한눈에 이해할 수 있게 하는 식이다.

실버 직원이 불량을 판단하지 않도록 불량품이 나오면 기계가 자동으로 멈추고, 그 상황을 부저 소리나 눈에 잘 띄는 램프로 알려주게끔 궁리했다. 작업장이 어두우면 밝게 하고, 물건이 무거우면 가볍게 해서 들기 쉽게 하고, 바닥의 높낮이 차이는 과감하게 없애는 등 실버 직원의 처지에서 생각하자 개선할 점이 수없이 많이 보였다.

특히 노인은 계단을 매우 불편해한다. 평소처럼 다리를 들었다고 생각했는데 겨우 몇 센티미터의 높이에 발이 걸려서 큰 부상을 입는 '위험한 일'이 몇 번이나 발생했다. 나이가 들면 생각한 대로 몸이 움직이지 않는다는 사실을 주위 사람도 알아야 한다.

가토제작소에는 개선 제안 제도라는 것이 있다. 환경·안전·품질·생산 등 회사와 관련된 건의는 무엇이든 받으며, 모든 직원이 한 달에 한 건 이상 제안하는 것을 의무로 정하고 있다. 그중에서 스스로 해결한 제안을 '실시 완료 제안'이라고 하고, 스스로 해결할 수 없어서 회사의 도움이 필요한 제안을 '희망 제안'이라고 부른다.

전체 직원이 올린 제안은 '능력위원회'에서 검토하는데, 모든 제안을 꼼꼼하게 살펴서 희망 제안을 해결할 것인지, 실

112

시한다면 어디의 누가 담당할지까지 결정해서 부탁한다. 능력 위원회의 위원장은 내가 맡고 있다.

실버 직원의 제안은 주로 '희망 제안'이 많은데, 그중에서도 특히 직장 환경에 관한 것이 눈에 띈다. 예를 들면 에어 호스가 통로 바닥에 널브러져 있어 직원들이 지나다니거나 수레가 통과할 때 방해가 되는데, 그 개선책을 내놓은 실버 직원이 있었다. 그는 에어 호스를 제거하고 에어 배출구를 천장에서 벽을 타고 설치하면 통행을 방해하지 않고 보기에도 깔끔하다는 아이디어를 냈다. 그래서 이 제안을 '제조개혁 팀'과 검토하기로 했다.

한창 벨트컨베이어 작업을 하던 중에 제품이 벨트컨베이어에서 떨어져 아래에 있던 전원 코드를 단선시킬 때가 있다. 그로 인해 설비의 전원이 꺼진 적도 있었다. 이 문제 역시 실버 직원이 지적했다. 제품을 가공하는 중에 전원이 나가면 위험하고, 불량품이 발생할 위험도 있다는 것이었다. 그는 전원 코드를 벨트컨베이어 아래쪽에 고정하고, 스파이럴튜브(전선 보호재로 복수의 전선을 정리하고 외부의 마찰에 대해 전선 피복을 보호해준다) 등을 감아서 보호하면 좋지 않겠냐고 제안했다.

그 밖에 공구를 놓는 책상 위가 공구로 인해 복잡해지므

113

로 공구를 깨끗하게 정리할 수 있는 선반이 딸린 책상을 생각 해낸 할머니 직원도 있다. 이것은 섬세한 여성만이 가질 수 있 는 장점이다.

실버 직원은 이와 같은 아이디어를 그림이나 사진을 섞어 서 진지하게 제안했다. 때로는 상사의 소행에 관한 의견이나 불평을 쓰는 사람도 있는데, 그러한 내용에도 담당 상사의 코 멘트와 함께 내 의견도 반드시 덧붙여서 돌려주고 있다. 실버 직원이 낸 개선 제안이야말로 노인이 아니면 불가능한, 직원이 일하기 좋은 직장을 만드는 데 도움이 되기 때문이다.

'유니버셜 디자인'이라는 말이 있다. 나이, 성별, 신체적 상황, 국적, 경험의 차이에 관계없이 모든 사람이 사용할 수 있 는 제품이나 환경 같은 디자인을 뜻하는 말인데, 유니버셜 디 자인은 만드는 쪽이 아니라 사용하는 쪽의 의견에 귀를 기울이 지 않으면 만들 수 없다. 사용자가 써보고 느낀 점을 듣고, 불편 한 점이 있다면 개선책을 생각한다. 그 과정을 거듭해야 진정 으로 사용하기 쉬운 디자인이 탄생하는 것이다.

이것이 바로 커뮤니케이션이다. 아무리 쓰기 쉬운 것을 목표로 한다고 해도 일방적이라면 의미가 없다. 사용하는 쪽의 요구를 성심성의껏 듣고, 눈에 보이는 형태로 만들어서 이해시

114

켰을 때 서로의 의사가 소통하는 것이다. 이 과정을 소홀히 여기면 안 된다. 처음에는 시간이 좀 걸리더라도 제대로 하면 개선한 뒤의 효율은 배가 된다. 이는 작업 효율화를 꾀하는 데 빼놓을 수 없는 과정이다.

일을 나누다

버블경제 붕괴 후, '워크 셰어링'이라는 업무 방식이 주목을 끌었다. 워크 셰어링이란 글자 그대로 일감(워크)을 서로 나누는(셰어) 업무 방식이다. 가령 오전 9시부터 오후 5시까지 혼자 하던 작업을 몇 시간 단위로 나누어서 여럿이 분담한다. 1인당 수입은 줄지만 고용은 줄지 않기 때문에 불황일 때의 실업 대책으로 효과적이다. 외국에서는 널리 활용하고 있고, 특히 네덜란드는 워크 셰어링을 도입해서 실업률을 1~2퍼센트로 억제했다고 한다.

우리가 워크 셰어링을 의식한 것은 아니지만 우연히 맞아떨어졌다. 처음에는 다들 단시간 근무를 희망했기 때문에 작업

하나를 나누는 방식을 취할 수밖에 없었다. 지금은 토요일 낮에만 2시간 일하는 직원도 있고, 월요일부터 목요일까지 오전 8시에서 오후 4시까지 풀타임으로 일하는 직원도 있고, 평일과 주말에 3일 정도 일하는 직원도 있다. 각자 자신의 생활에 맞추어서 무리하지 않는 범위 내에서 일하면 충분하다.

K씨는 50대부터 종일 일하는 계약직 직원이다. 60세가 된 뒤에는 실버 직원으로 일주일에 3.5일 근무로 변경해서 계속 일하고 있다. 그녀는 지금까지 두 번, 딸의 출산과 육아를 돕기 위해 회사를 쉬었다. 실버 직원들의 일은 분업이기 때문에 다른 사람이 일을 대신 할 수 있어서 비교적 손쉽게 일정 기간 휴가를 낼 수 있다. 그리고 복귀할 때도 수월하다.

육아뿐만 아니라 병간호, 때로는 자신의 질병을 치료하기 위해 쉬는 예도 있다. 유급휴가도 쓸 수 있기 때문에 실버 직원은 직장과 가정의 일을 병행하기가 어렵지 않다. 이런 방식은 직원을 새로 채용해서 처음부터 가르치는 것보다 훨씬 효율적이고, 실버 직원도 안심하고 일할 수 있는 토대가 된다.

노인을 고용할 때는 그들의 건강과 가족 사정이 시시각각 달라질 수 있다는 것을 염두에 두고 멀리 보고 결정하는 것이 중요하다. 이것도 어떤 의미에서는 '리커런트 취업'이자 '워크

라이프 밸런스'가 아닐까? '리커런트recurrent'는 재현이나 재발을 의미하는 말로, 순환교육 혹은 회귀교육이라고도 번역한다. 사회에 나왔다가 학교나 교육·훈련기관으로 돌아갈 수 있는 교육 시스템이다. 가토제작소가 노인을 고용한 것은 이러한 시대적 요구에 맞아떨어진 것이 아닐까?

현대는 회사 안팎의 상황이 다양해지고 있다. 인생도 제각각이고 일하는 방법도 제각각이다. 따라서 되도록 많은 직원에게 그들의 능력을 쉽게 발휘할 수 있는 업무 방식을 제공하고 싶다. 이것이 결과적으로는 회사를 오랫동안 발전시키는 방법 중 하나라고 믿어 의심치 않는다.

실버 직원을 보고 있으면
저절로 자세가 발라진다

젊은 직원이 결혼했을 때의 이야기다. 결혼 소식을 들은 직원들마다 "축하한다"며 인사를 건넸고, 회사에서도 축의금을 보냈다. 또 개별적으로 부조한 사람도 있었다. 그런데 결혼한 직원은 집안에 경사가 있으면 이를 기념하기 위해 선물을 돌리는 풍습이 있다는 것을 몰랐다. 보다 못한 실버 직원이 "축의금을 받았으면 감사의 마음을 담아서 선물을 나누어주어야지"라고 충고했다.

젊은 직원이 멍하니 얼굴을 쳐다보며, '네? 결혼식 답례품은 벌써 드렸는데요?"라고 말했다. 그러자 실버 직원이 "결혼식에 참석한 사람한테 주는 선물 말고, 그냥 축의금만 낸 사람도 있잖아. 그런 사람한테는 받은 돈의 절반에 해당하는 물건을 결혼식 올리고 나서 한 달 이내에 돌려주는 것이 예의야"라고 가르쳐주었다.

다음 날, 그 젊은 직원은 즉시 선물을 돌렸다. 그런데 그 물건이 그만 빨랫비누였던 것이다. 그것을 보고 다시 실버 직원이 "있잖아, 비누는 흔적을 깨끗이 씻어버린다는 의미가 있어. 그래서 제사를 지내거나 쾌유를 축하할 때 선물하지. 모처럼 결혼했는데 좋은 추억을 흔적도 없이 씻어버리면 되겠어?"라며 즉각 지적했다. 이 일에 모두 한바탕 크게 웃었다.

도시에서 핵가족화가 진행되고 있다고 하는데, 지방도 예외는 아니다. 나카쓰가와시는 비교적 대가족이 많은 편이지만, 2세대 주택에서 사는 식으로, 주거는 나뉘어져 있다. 옛날처럼 한 지붕 아래서 3대가 북적대며 사는 환경은 지방에서도 드물

118

다. 젊은 세대가 노인에게 거부감을 느끼는 것은 아니지만, 어느 정도 나이가 들면 조부모 집에도 잘 가지 않으려고 한다. 따라서 어느 날 갑자기 직장에서 노인과 함께 일을 하게 되면 당혹스러운 상황에 처할 수도 있다. 귀가 잘 안 들리는 실버 직원한테는 큰 소리로 말해야 하고, 실버 직원들의 이야기에 좀처럼 동감하기도 어렵다.

나는 이런 환경이 오히려 젊은 세대에 자극이 된다고 생각한다. 옛날에는 어느 지역이나 장로長老 같은 어른이 있어서 동네 아이들이 못된 짓을 하면 야단을 쳤다. 지금은 그런 광경을 찾아볼 수 없다. 저출산 고령화로 인해 지역의 커뮤니티가 붕괴되어 버린 것이다. 무심코 동네 아이를 야단쳤다가는 아이 부모에게 봉변을 당하기 십상이어서 사람을 사귀는 데 적당한 거리를 두게 된다. 아이들과 젊은이는 어른들과의 관계 속에서 성장한다. 그런 자리를 공공의 장소로 제공할 수 있다는 것은 회사로서도 기쁜 일이다.

반면 실버 직원은 젊은 직원과 함께 일하는 것을 기뻐한다. 사내 회식 자리에서는 실버 직원 3~4명당 젊은 직원 1명이 모여서(여기에서도 저출산 고령화는 진행되고 있다) 즐겁게 이야기를 나눈다. 물론 주로 젊은 직원이 이야기를 듣는 편인데, 세상

돌아가는 이야기를 하다가 길어져서 설교가 될 때도 많다. 젊은이는 재미있는 듯 곤란한 듯 아리송한 표정으로 이야기를 듣는데, 이런 체험도 귀중한 것이라고 생각해서 나는 그저 웃으면서 지켜볼 뿐이다.

무엇보다 실버 직원들과 함께 일하면 일을 대하는 그분들의 자세에서 많은 것을 배운다. 실버 직원들은 기억력은 떨어져도 끈기 있게 작업에 몰두한다. 반면 젊은이는 싫증을 잘 내고 적당히 때우려는 사람도 많지만, 옆에서 나이 든 실버 직원이 진지하게 일하는 모습을 보면 젊은 직원의 자세도 저절로 발라진다. 무거운 수레를 끄는 실버 직원을 보면 달려가서 도와준다. 이는 의식을 바꾸기 위해 "성실하게 일하라", "노인을 공경하라"고 수백 번 떠드는 것보다 훨씬 효과적이다.

젊은이가 잘하는 일도 있지만 실버 직원이 잘하는 일도 있다. 그것을 잘 조절한다면 각자 자신만의 독특한 멋을 최대한 발휘할 수 있는 좋은 직장이 될 것이다. 또 적극적으로 노인을 고용한 덕에 대중매체의 주목을 받아 가끔씩 공장에서 촬영이나 인터뷰를 하는 일이 있다. 젊은 직원들에게 마이크를 들이댈 때도 있는데, 대답을 들어보니 자신이 일하는 회사가 다른 회사와 다르다는 데 긍지를 느끼는 것 같았다.

이처럼 젊은 직원과 실버 직원을 적절하게 안배한 직장 환경은 다양한 파급효과를 낳았다. 단기간에 만들 수 있는 환경은 아니었지만, 이것이야말로 지역의 커뮤니티를 부활시키는 계기가 되지 않을까 생각한다.

현명하게 노인을
고용하는 법

이쯤에서 노인 고용 비용에 대한 이야기를 해보자. 노인을 고용하려면 반드시 직장 내 배리어 프리를 진행해야 한다. 특히 우리 회사 같은 제조업은 많은 설비를 도입해야만 한다. 이러한 비용 전부를 직접 부담하는 것은 중소기업으로서 상당히 어려운 일이다. 이때 노인 고용을 위한 다양한 조성금 제도가 있으므로 이것을 현명하게 이용하면 좋다.

나는 실버 직원을 고용하기 전에 지역의 사회보험 노무사인 요시무라 요스케를 찾아가 상담을 받았다. 그에게 고령자고용개발협회(당시)가 '노인을 위한 직장 배리어 프리 조성금' 희망자를 모집한다는 이야기를 들은 것이다. 이 조성금을 받을 수 있는 기간은 2000년까지여서 이때를 놓치면 더는 받을 수 없었다. 마감까지 한 달밖에 남지 않았지만 나는 응모하기로 했다.

이 조성금을 받으려면 우선 종합 계획total plan을 세워야 했다. 종합 계획이란 회사 전체에 노인을 배치하고 일을 추진하는 데 장애가 될 요소를 조사·분석하고, 이를 해소할 개선책을 실시하여 노인이 일하기 좋은 직장 환경을 만드는 계획이다. 그래서 배리어 프리를 추진하는 데 필요한 14가지 아이템을 생각했다. 그중 가토제작소에서 제작할 수 있는 것이 8가지, 비용이 드는 것이 6가지라는 결론을 얻고 후자에 대해서 조성금을 신청했다. 6가지 아이템은 난방설비 정비, 부품을 세어서 포장하는 작업에 필요한 기계, 너트 용접 작업에 필요한 기계, 접착제를 도포하는 로봇, 작업장마다 휴게실 설치, 용접 작업을 할 때 발생하는 연기 대책과 자외선 피폭 방지였다. 여기에 필요한 예산은 총 2,500만 엔이었다. 결과적으로는 2,000만 엔 가까운 금액을 지원받았고, 이는 정말로 고마운 일이었다.

국가에서 지원하는 조성금 제도는 이 밖에도 많으며, 속이지 않고 성의를 다해 올바르게 신청만 하면 반드시 승인을 얻는다는 사실도 알게 되었다. 이런 제도를 적극적으로 활용하기 바란다. 조성금을 신청할 때, 처음에는 서류를 작성하는 일이 복잡하고 시간도 많이 걸렸지만 요령이 생기자 그다지 어려운 일도 아니었다. 지금까지 무턱대로 번거롭다는 생각에 많은 기회를 놓친 것을 후회했다. 무슨 일이든 도전하는 것이 가장 중요하다.

그 후에도 노인 고용과 관련 있는 조성금에 해당되면 곧바로 신청했다. 그러고 보니 어쩐지 조성금 마니아가 되었는데, 조성금은 노인과 관련된 것뿐만 아니라 여러 분야에서 후하게 마련되어 있으므로 항상 안테나를 높게 세우고 있으면 기회는 온다.

지금까지 가장 큰 도움이 된 조성금은 '특정구직자고용개발조성금'이다. 이는 핼로워크의 소개로 노인(60세 이상, 65세 미만)이나 장애인처럼 취직이 힘든 사람을 계속 고용하는 경우에 받을 수 있다. 우리 회사의 실버 직원과 같은 단시간 근무도 대상이 되는데, 지급액은 중소기업이라면 연간 60만 엔을 받을 수 있다. 2002년부터 현재(2013년)까지 매년 빠짐없이 각종 조성금을 받아서 어느덧 누계 1,600만 엔이 넘었다. 이만큼의 돈을 이익으로 남기려면 매출로 4억 5,000만 엔은 벌어야 한다. 이 계산으로 조성금의 효용이 얼마나 큰지 짐작할 수 있을 것이다.

그 밖에도 후생노동성의 조성금으로는 정년을 연장하는 기업에 '중소기업정년연장 조성금', '고령자 직역職域 확대 조성금', '고령자노동이동수입기업조성금'이 있으며 찾아보면 쓸 수 있는 조성금이 상당히 많다. 먼저 시작했다고 유리한 것은 아니며, 물심양면으로 큰 효과를 보는 것은 틀림없다. 다만 이 조성금은 어디까지나 일하는 직원들을 위한 것이다. 이 점을 잊어서는 안 된다.

노인을 고용하는 기업 중에는 그 조성금을 실버 직원에게 환원하지 않는 경우도 있다고 한다. 조성금을 직원 급료에도 반영하지 않고, 설비투자도 하지 않는다. 은퇴한 뒤에도 계속 일하는 노인은 현역 시절과 업무량은 비슷한데도 '연금을 받는다'는 이유로 급료가 줄어든다.

노인 중에는 연금 수령액이 줄더라도 현역 시절과 똑같이 급료를 받으면서 일하고 싶어 하는 사람도 있을 것이다. 그런데 그 점을 인정하지 않고 업무량은 그대로이면서 급료를 깎아버리면 생활은 금세 힘들어진다. 고용주에게 호소해도 아마 '그러면 그만두라'고 외면해버릴 것이다. 이런 기업은 틀림없이 미래에 살아남을 수 없다. 일하는 직원을 행복하게 만들지

124

못하는 기업에 미래는 없다.

노인 고용으로
모든 일이 호전되다

지금까지 노인을 고용해서 생긴 장점과 단점을 이야기했다. 솔직히 말해서 노인을 고용해서 나빠진 일은 하나도 없다고 단언할 수 있다. 앞에서 소개한 문제 사례는 모두 초기 단계에 일어난 것일 뿐, 반년쯤 지난 뒤에는 큰 문제가 생기지 않았다. 그러기는커녕, 허풍처럼 들리겠지만, 모든 일이 호전되었다. 경영자로서는 매출과 이익에 도움이 되었고, 그 외에 고정비 절감, 고유기술 전승, 사회공헌이라는 이익도 얻었다. 단점을 굳이 들자면 주말에 공장을 가동해서 나 자신이 거의 쉴 수 없게 된 정도라고 하겠다.

리먼브라더스 쇼크가 있던 해까지 매주 빠짐없이 주말에도 공장을 가동했으니, 연간 345일 정도 일한 셈이다. 구인 광고 전단지에는 '365일 연중무휴'라고 썼지만, 실제로는 추석과 설날, 황금연휴와 여름휴가 때는 거래처도 쉬기 때문에 우리 회사도 그에 맞추어 쉰다. 2001년 4월부터 2008년 말까지니 나도 7년 하고도 6개월 동안은 거의 날마다 빠짐없이 출근했다. 지금의 회장 역시 나와 함께 출근했으니 둘이서 노인 고용이라는 시도를 음지에서 떠받치고 있었던 것이다. 물론 중소기업 경영자로서 당연한 이야기일지 모른다.

그렇다면 현역 직원들에게는 어떤 점이 좋을까? 노인을 고용하고 얼마 되지 않아서 물어보니 "주말에도 공장을 가동한 덕분에 성수기에 부담이 줄어서 다소 편해졌다", "선배 직원이 은퇴한 뒤에도 계속 일하기 때문에 여러 가지 배울 수 있었다"는 이야기가 많았다. 이것이 이점이 아닐까?

단점으로는 "주말에 출근하기 때문에 친구와 함께 놀 수 없다", "지역 행사는 대부분 주말에 열리는데 쉬지 못해서 참여하지 못했다"는 의견이 많았다. 이 문제는 당초 두 그룹으로 나누어서 일주일마다 교대로 출근하던 현역 직원을 실버 직원이 일에 익숙해짐에 따라 두 사람만으로도 충분히 감당할 수 있게 되어 반년에 한 번 주말에 출근하는 정도로 부담을 줄여서 해결했다.

현역 직원이 가장 힘들어했던 것 중에 "실버 직원이 자꾸만 잊어버려서 똑같은 소리를 여러 번 해야 한다", "불량품이

"여러분이 안심하고 근무할 수 있는 회사를 만들고 싶습니다.
물론 정년 이후에도 계속 일해주십시오."

나오면 내가 거래처에 싫은 소리를 듣기 때문에 속상하다"라
는 것이 있었다. 이런 불만도 실버 직원이 업무에 익숙해지고
불량품도 나오지 않게 되자 저절로 줄어들었다.

노인을 고용하려면 무엇보다 먼저 '왜 고용하는지' 그 이
유를 모든 직원에게 정확하게 전달해야 한다. 현역 직원의 협

력 없이는 절대로 성공할 수 없는 일이기 때문이다. 나는 직원들에게 "여러분이 안심하고 근무할 수 있는 회사를 만들고 싶습니다. 물론 정년 이후에도 계속 일해주십시오", "실버 직원의 도움으로 낮은 비용과 짧은 납기를 실현할 수 있습니다", "매출 향상은 물론, 결과적으로 이익이 여러분에게 돌아갑니다" 등 사전에 직원들에게 방침을 설명했다. 그와 동시에 노동조합에도 노인 고용의 취지와 개요를 설명해서 이해를 구했다.

이처럼 노인 고용에 대한 직원들의 공통된 인식을 사전에 정비해두는 것도 훗날 일어날 문제를 방지하는 데 중요하다. 노인 고용은 분명히 짧은 시일 내에 할 수 있는 일이 아니다. 비용도 적잖게 들고, 가르치는 쪽이나 배우는 쪽이나 체력적으로도 정신적으로도 힘들다. 그래도 노인 고용이 안정 궤도에 오르면 회사는 지금보다 강고한 생산 체제를 구축할 수 있고, 직원간의 결속도 단단해진다. 회사를 한 단계 향상시키는 기폭제가 되는 것이다.

128

제4장

기업을
행복하게
경영
한다는 것

창업 125년이
되다

가토제작소는 이 지역의 유서 깊은 회사 중 하나로 125년 전 대장간으로 출발했다. 1888년 12월, 내 증조부인 가토 고지로가 '대장장이 고'라는 상호로 대장간을 열었다. 당시는 주로 지역 농가에서 쓸 가래나 괭이를 만들었다고 한다. 이것이 오늘날 가토제작소의 시작이다. 그 때문에 사장은 매년 정월, 창업당시부터 이어지고 있는 전통적인 대장간 스타일의 '시무식'을 거행한다.

1월 2일, 밤이 시작되기 전, 사장은 작업장에 들어가 검을 때린다. 검이라고 해서 시대극에서 무사가 드는 검이 아니다. 부동명왕不動明王(진언종에서 받드는 다섯 명왕인 오대존명왕[五大尊明王]의 하나)이 손에 든 것처럼 양날의 창 같은 모양에 크기가 20~30센티미터 정도 되며, 연마를 하지 않아서 쇠 자체의 투박하고 중후한 분위기를 풍긴다.

처음에는 둥근 쇠막대를 망치로 두드려서 사각이 되게 만들고, 이를 계속 두드려 나가면 단면이 차츰 날카로워지다가 끝부분이 거무스름하게 열을 띠기 시작한다. 여기에 성냥을 가져가 대면 그대로 불이 붙는다. 이를 '화입火入'이라고 부르는데, 곧바로 불이 붙느냐 아니냐로 그 해의 운세를 점친다. 이 불을 신문지와 콩깍지에 옮겨 붙이고, 여기에 코크스cokes(해탄)를 더해서 화상火床을 만들어 반나절 동안 검을 때린다. 가토제작소에는 이렇게 만든 검이 125자루나 되는데, 각 검에는 연호가 새겨져 있다. 선대, 그 윗선대부터 이 전통 의식을 계속해왔다는 증거다.

현재 가토제작소에서 만드는 제품은 주로 자동차와 항공기, 가전제품에 들어가는 금속 부품 따위다. 일반 가정에서 흔히 볼 수 있는 것으로는 석유 팬히터의 연료탱크나 우편함 등

132

이 있다. 취급하는 금속도 쇠부터 강철, 구리, 알루미늄, 스테인리스스틸, 티탄 등 폭넓다. 금속 부품 중에서도 판금 한 장을 프레스기로 눌러서 입체적으로 성형하는 '드로잉 가공'으로 특화한 수준 높은 기술은 많은 기업에서 좋은 평을 얻어 '드로잉 가토'라고 불릴 정도다. 또, 다른 곳에서는 할 수 없는 복잡한 형태나 가공하기 힘든 금속가공도 취급한다.

1926년, 쇼와시대에 들어서면서 가토제작소는 구舊 기타에나철도北惠那鐵道(기후현에서 벌목한 나무를 운송하기 위해 국철 나카쓰가와역 부근의 나카쓰정中津町 역에서 시모쓰케치下付知 역까지 22.1킬로미터를 연결하던 지역 철도로, 1924년 8월 5일에 운행을 시작해 1978년 9월 18일까지 영업했다)의 지정 공장이 되었고, 주요 제품도 농기구에서 철도기계 부품으로 바뀌었다. 그 후 전력, 자동차, 가전, 항공기 부품, 방음 패널, 태양광발전 등 일본의 근대화와 지역의 근대화에 발맞추어 새로운 분야로 사업을 전개했다.

과거의 역사를 돌이켜보면 3대 회장은 평소 "우리는 특정업종·업태에 사로잡히지 말고 전천후 사업을 한다"는 말을 자주 했는데, 이는 우리가 나아가야 할 길을 제시한 것이라 할 수 있다. 업태는 확실히 '환경적응업'이어서, 세상의 흐름에 유연히 적응하지 않으면 살아남을 수 없다. 흔히 '회사의 수명은

133

30년'이라고 말하는데, 설령 지금 상황이 좋아도 그대로 계속 된다고 단정하기 어렵다. 따라서 그 시대의 변화에 맞추어서 사업 내용을 바꿔야 한다.

지역 공헌을 중요시한다는 점도, 초대부터 변함이 없이 지켜오고 있는 회사 방침 중 하나다. 우리는 늘 지역을 염두에 두고 사업을 전개했다. 그리고 그 으뜸가는 사례가 노인 고용 이다.

나는 대학을 졸업한 뒤, 가토제작소가 아니라 일단 도요 타자동차 계열인 바디메이커(기후차체공업)에 취직했다. 그곳 에서 3년 동안 착실히 호시노 데쓰오 전무(당시)에게 지도를 받 으며 "일에 타협은 없다. 즉시, 반드시 해낸다"는 제조업의 기 초를 배웠다. 그 후 미쓰비시전기의 해외 사업부인 텔레비전 제조회사에 취직해서 싱가포르와 미국에서 해외 경험을 쌓았 다. 해외에서는 언어 장벽에 부딪혀 고생했지만, 해외의 제조 업을 피부로 느낄 수 있는 매우 귀중한 경험이었다. 약 3년간 의 해외 근무를 마치고 귀국해서 1988년, 본격적으로 가토제 작소에서 일하기 시작했다.

현재 공사工事 부문은 가토철공, 제조 부문은 가토제작소 로 독립했으며, 나아가 엘리베이터 관리와 보수 유지를 담당하는 회사로 가토빌서비스를 설립, 그룹사로 그 업무를 해나가고 있다. 나는 2004년 5월에 가토제작소의 제4대 사장에 취임했는데 증조부부터 선대까지의 노력 덕분에 지금의 회사가 있다는 것을 알고, 깊이 감사한다. 새삼 100년이 넘는 제조업 외길의 역사라는 사실에 감개가 무량하다. 그리고 현재 우리가 시도하는 여러 가지 일도 이 역사를 이어갈 것이라 확신한다.

좋은 인재를
키운다는 것

1990년대 버블경제 붕괴 후, 일부 기업에서는 미국형 성과주의를 도입하여 나이와 상관없이 능력 있는 사람에게 높은 보수를 주는 방식을 시도했다. 그러나 모두가 알다시피 그 시도는 성공하지 못했다. 직원끼리 경쟁자가 되어버린 결과, 상사는 부하에게 일을 가르치지 않고 직원들은 서로 협력하지 않는 폐해가 나타났다. 곧바로 성과가 나타나지 않는 프로젝트는 외면당했고, 기업의 정체성이 모호해지면서 우수한 인재가 회사를 떠나는 등 부정적 면이 나타났기 때문에 재평가에 들어간 기업이 속속 생겨나고 있다.

『성경』에 "사람은 빵만으로는 살 수 없다"는 말이 나온다. 사람은 물질적 만족만을 위해서 살지 않는다는 뜻이다. 사람이 일하는 것은 단지 돈을 벌기 위해서만이 아니다. 돈에 이끌려서 회사에 들어간 사람은 더 좋은 조건을 제시하는 회사가 나타나면 망설임 없이 그곳으로 옮긴다. 이렇게 해서는 기업에 인재가 남아나지 않고 회사의 성장은 멈춰버린다.

돈은 일하는 목적 가운데 하나일 뿐이고, 업무에 맞는 급료를 직원에게 보증하는 것은 당연한 일이다. 그러나 그것만으로는 직원의 동기를 높이는 데 충분하다고 할 수 없다. 나는 직원이 의욕적으로 일하려면 돈 이외에 그들을 격려할 플러스알파가 필요하다고 생각한다. 그 한 가지가 바로 '좋은 사풍社風 만들기'다.

원래 회사는 직원을 행복하게 만들기 위해서 존재한다. 행복에는 자기 자신을 기쁘게 하는 행복과 남을 기쁘게 하는 행복이 있다. 우리는 일을 통해서 직원과 그 가족, 협력업체, 거래처 등 많은 사람을 기쁘게 하고, 일을 자신의 기쁨으로 만들 수 있는 회사 만들기를 목표로 하고 있다. 매출이나 이익은 그것을 위한 수단이지 진짜 목적이 아니다. 회사가 존재하는 의의 중 하나는 사회에 공헌하는 것이며, 사회에 공헌했다는 증거가 이익이다.

모든 사람에게 '저 회사는 좋은 회사'라는 소리를 듣고 싶고, 직원들이 '이 회사를 다녀서 기쁘다'고 말하는 회사가 되고 싶다. 나는 회사란 그래야 한다고 생각한다. 우리 회사의 경영 이념인 '기쁨에서 기쁨을'도 같은 신조에서 선택한 말이다. 예전에 40년 근속한 직원이 은퇴하게 되었을 때 송별회에서 "누구보다 좋은 물건을 만들려고 노력했다", "나는 물건을 만드는 일밖에 몰랐다. 그리고 물건을 만드는 것에 긍지를 갖고 일했다"고 말하며 눈물을 흘렸다. 그 말을 들은 나도 가슴이 뜨거워졌다. 제조의 기본은 사람 만들기다. 좋은 인재를 키우는 것은 고스란히 사회 공헌으로 이어진다.

회사는
누구의 것인가?

회사는 누구의 것일까? 이렇게 물으면 보통 주주의 것이라고 대답한다. 나는 감히 이렇게 말하고 싶다. 회사는 주주의 것도 아니고, 경영자의 것은 더더욱 아니다. 회사는 열심히 일하는 직원들의 것이다. 나는 진심으로 그렇게 생각한다. 회사는 직원의 노고에 보답하기 위해서 이익을 내야만 하는 것이다.

회사의 이익은 가장 먼저 직원들과 그 가족의 행복을 위해서 분배해야 하며, 사장이나 주주를 우선하면 안 된다. 자본주의 제도에서 보면 회사는 출자자인 주주의 것이라는 말이 틀린 소리는 아니다. 하지만 과연 주주만으로 회사가 굴러갈까? 그렇다면 일본식 경영은 어떨까?

나는 직원 한 사람 한 사람과 매년 정기적으로 면담을 한다. 일하면서 힘든 점은 없는지, 건강은 어떤지, 아픈 가족은 없는지 등 업무 이외의 이야기를 포함해서 한 사람당 30분 정도 이야기를 듣는다. 직원들의 이야기에 귀를 기울이면 현장에서 일하는 모습만으로는 알 수 없던 것을 발견하게 된다. 수고스러워도 직원 면담이 없으면 직원이 무엇을 바라는지 좀처럼 알기 어렵다.

직원과 친해지기 위해서 날마다 내가 실천하는 일이 있다. 가령 "안녕하십니까?"라고 인사할 때 이름을 함께 붙여서 "○○ 씨, 안녕하십니까?"라고 말하는 것이다. 나도 "가토 씨! 안녕하세요?"라는 인사를 받으면 나 자신이 소중한 존재이고,

인정받고 있다는 느낌이 든다. 손윗사람에게 인사를 받으면 더욱 그렇다. 따라서 나는 신입 사원에게도 "OO 씨"라고 이름을 붙여서 인사한다. 그리고 "안녕?"이 아니라 "안녕하십니까?"라고 정식으로 인사한다. 모두 소중하기 때문이다.

매일 아침 조례를 마치고 모든 직원에게 인사를 하고 말을 건넨다. 그날그날 직원들의 몸 상태를 염려하고 직원들과 소통하고자 하는 것이다. 경영자에게는 이처럼 작고 사소한 일일수록 더욱 중요하지 않을까?

모든 직원이 경영계획서를 공유하다

우리는 매년 경영계획서를 작성한다. 계획서라고 해서 몇 쪽짜리 문서가 아니다. 100쪽이 넘는 책자다. 이것을 모든 직원에게 나눠주고 1년에 한 번, 고문회계사와 고문변호사, 주거래은행의 지점장까지 참여하는 경영계획 발표회를 열어 발표 내용을 약속한다. 경영 비전을 비롯해 중기사업 구상처럼 일반 주주총회에서 발표하는 내용도 있지만, 우리만의 특징이라고 한다면 경영진과 사장까지도 올해의 목표를 세워서 결의를 밝힌다는 점이다. 물론 실버 직원도 포함된다.

일례로 2013년 목표는 "이번 기의 경영계획을 반드시 달성한다", "늘 웃는 얼굴로, 활력 조례는 누구보다 큰 소리로, 활기차게 참여한다", "개선 제안 실시율을 80퍼센트로 한다"였다. 실버 직원은 "제품과 모델품을 반드시 비교해보고 수량을 확인한다", "기본을 지켜서 불량품 제로를 실행한다", "늘 '왜'라는 질문을 던지며 일한다" 등 읽기만 해도 높은 프로 의식이 엿보이는 목표를 세우고 있다. 이 목표를 적은 계획서에는 각자 얼굴 사진도 넣고, 1년에 두 번, 2분기와 4분기에 그것을 얼마나 달성했는지 스스로 평가하는 칸도 있다.

덧붙여서 기술, 판매, 영업, 품질, 생산 등 개별 부서와 안건마다 방침을 세운다. 기술이라면 '다른 회사가 흉내낼 수 없는 No.1 기술을 만든다' 든지, 판매라면 '판매 없는 사업 없다'라는 기본적 이념과 전략을 공유하는 것이 목표다. 사소한 것으로는 이름을 부르면 '네'라고 큰 소리로 대답하고 즉시 행동으로 옮긴다는, 예의에 관한 내용도 많다. 일을 하는 데 가장 중요한 것은 '능력'이지만, 그 이상으로 일을 대하는 '마음가짐'이라는 심적인 부분도 무시할 수 없다. 이 두 가지 요소가 씨실과 날실처럼 잘 짜인 것이 이상적인 직장인의 모습이라고 생각한다.

가토제작소에는 '사장 프리미엄상'이라는 것이 있는데 모범 직원에게 수만 엔의 상여금과 함께 수여한다. 이 상의 기준은 결코 까다롭지 않다. 그저 인사나 대답을 정확히 하면 되는, 어찌 보면 당연한 일을 제대로 하고 있는지를 판단한다는 의미가 크다. 자기 채점과 상사의 채점을 더해서 베스트 10도 뽑는다. 가끔 신입 사원이 베스트 10에 들어가는 일도 있어서 상당히 재미있다.

나아가 직원들의 만족도 설문조사를 실시해서 "당신의 상사는 정확하고 구체적인 지시를 내리는가?", "당신의 작업장은 분위기가 밝은가?" 등 직장 환경에 관한 대답을 듣고 이 내용을 계획서에 싣는다. 그 안에는 회사에 대한 평가도 들어 있다. 회사가 직원에게 시행하는 다양한 시도를 어떻게 평가하는지, 회사가 현재 상황을 개선하는 데 의욕적이라고 생각하는지 평가받는 것이다. 나는 이것을 '사장의 성적표'라고 부른다.

이 평가에는 '보통'이 제일 많고 '만족'이 적은 항목도 많다. '약간 불만'이나 '불만'도 없지는 않다. 역시 경영자로서 '만족'은 늘리고 '불만'은 거의 없게 해야 한다는 마음에 해마다 긴장이 된다.

이 경영계획서는 나 자신도 포함해서 모든 직원에게 교과서와 같다. 1년에 수차례, 공부 모임을 열어서 복습하고 있으며 나중에 이야기할 '고마바손주쿠駒場村塾'에서도 텍스트로 쓰고 있다.

이처럼 회사의 방침이나 전략을 정기적으로 사내에서 공유하면 직원들 간에 연대감도 생기고, 회사의 중심도 흔들리지 않는다. 회사가 잘못된 방향으로 나가지 않기 위해서도 경영계획서 공유는 빼놓을 수 없다.

직원의 기본은
무엇인가?

'조례는 기업의 축도縮圖'라고 하듯이, 조례를 보면 그 회사의 활력을 추량할 수 있다고 나는 생각한다. 우리의 아침은 조기 청소와 조례로 시작한다. 되풀이해서 말하지만, 좋은 회사를 만들려면 좋은 인재를 키워야 한다. 그러기 위한 가장 좋은 방법은 좋은 습관을 몸에 배게 하는 것이다.

142

우선 인사, 대답, 청소, 정리정돈 같은 기본적인 습관이 몸에 배야 한다. 어쩐지 학교 같은 느낌도 들지만, 나이를 먹어도 기본이 중요하다. 어른이 되면 손을 놓아버리기 쉽기 때문에 더욱 그렇다. 아침 청소와 조례는 지금 말한 기본적인 습관을 몸에 익히는 데 안성맞춤이다. 아침 청소와 조례를 실시하는 회사는 많지만 보통 청소는 신입 사원의 몫이고, 조례는 형식뿐인 회사가 적지 않다. 무척 안타까운 일이다.

우리의 아침 청소는 모든 직원이 함께한다. 내가 청소의 중요성에 눈 뜬 것은 옐로햇Yellow Hat(일본의 자동차 용품 업체)에 청소 연수를 받으러 가서 창업자인 가기야마 히데사부로에게 지도를 받으면서부터다.

옛날, 그의 회사에는 죄다 다른 기업에서 문제를 일으킨 사람들만 모여들었다고 한다. 이 사람들을 마음 편하게 일할 수 있게 하려면 어떻게 해야 할까? 사장이 시작한 것은 청소였다. 특히 사내 화장실을 맨손으로 10년 동안 꾸준히 청소했다. 처음에는 화장실을 청소하는 사장 옆에서 볼일을 보는 등 무관심하던 직원들도 어느덧 하나둘씩 사내 청소를 솔선하게 되었고, 더 나아가 회사 주변까지 청소했다. 모두 힘을 합해서 청소를 하게 되자 사내에는 협동심과 연대감이 생겨났다. 화장실을 청소할 때 사람은 위가 아니라 아래를 향한다. 이 자세를 통해서 사람은 겸허해진다. 이와 같은 이야기를 듣고 완전히 감탄했다.

연수를 받고 돌아온 다음날 아침부터 나도 회사 앞 버스정류장 부근을 청소하기 시작했다. 지금까지도 계속하고 있다. 그다음 공장 화장실도 청소했다. 처음에 변기를 볼 때는 '좀 깨끗하게 쓰면 좋겠다', '매너가 없다', '일부러 더럽게 쓰는 건가?' 이런저런 생각이 교차했다. 하지만 청소를 시작하자 뭐라 말할 수 없는 쾌감과 만족감을 맛보았다. 직원들에게 '우리 회사에서 일해줘서 고맙다'는 겸허한 마음을 갖게 되었다.

지금은 나를 포함해 부장과 과장이 돌아가면서 화장실을 청소한다. 사람들이 꺼리는 일일수록 리더가 솔선수범해야 한다는 방침 때문이다. 나는 평소에 "위로 올라갈수록 땀을 흘리라"고 부장과 과장에게 말한다. 우리는 매일 아침 7시에 부장회의를 시작한다. 부장회의에서 30분간 이야기를 하고, 그러고 나서 곧바로 화장실 청소를 시작한다. 그 무렵에는 다른 직원도 출근해서 다 같이 공장 부지를 청소한다.

7시 55분부터 모든 직원이 라디오 체조를 하고, 8시부터 일을 시작한다. 아침 체조는 뇌와 신체의 기능을 활성화하여 사고와 부상을 방지하는 데 도움을 준다. 최근에는 아침 체조

모든 직원이 힘을 합해 청소하면
사내에 협동심과 연대감이 생겨난다.

의 효과가 재조명받으면서 해외 기업 중에도 이를 도입한 곳이
있다고 한다. '일은 준비가 반'이라는 말이 있듯이 심신을 충분
히 준비시키면 생산성과 품질에도 좋은 영향을 미친다. 나아가
'활력 조례'라는 것도 실행하고 있다.

　활력 조례는 윤리연구소가 제안하는 조례로, 모든 직원이
자세를 바르게 하고 큰 소리로 인사를 한다, 큰 소리로 연락ㆍ

보고하는 것이 기본 스타일이다. 활력 조례의 목적은 다섯 가지다. 몸 풀기(일할 몸과 마음의 준비), 정보 공유와 철저함(연락, 보고 따위), 작업장의 활성화(밝고 즐겁고 활기찬 직원 만들기), 기본 동작 습득 훈련(기업의 질적 향상), 팀워크 강화(직장의 교양으로 도덕심 향상) 등이다.

지금은 작업장을 8개로 나누어서 조례를 실시하고 있다. 매일 아침, 여기저기서 활기찬 목소리가 들려오면 저절로 일할 의욕이 솟아난다. 물론 괜스레 일할 마음이 나지 않을 때도 있다. 특히 월요일 아침이면 몹시 우울해진다고 털어놓는 사람도 있다. 그러나 목소리를 크게 내는 동안 이상하게도 우울한 기분이 해소된다.

나는 학창 시절에 검도를 했는데, 소리를 입 밖으로 내는 것의 효과가 얼마나 큰지 몸소 체험했다. 먼저 몸을 움직이면서 목소리를 내본다. 그러면 마음도 금방 몸을 따라온다. 활력 조례는 매일 아침 하므로 어떻게 하면 매너리즘에 빠지지 않고, 좀더 신나게 할 수 있을지 궁리하는 것도 중요하다.

가령 '활력 조례 점검표'라는 것을 활용해서 채점을 하고, 작업장마다 순위를 매기거나 사외에서 사람을 초빙해 지도를 받는 등 사내 조례 위원회에서 직원들끼리 아이디어를 낸다.

146

직원들이 '활력 조례'를 하고 있다.
밝고 활기찬 조례는 '좋은 사풍 만들기'에 빼놓을 수 없는 요소다.

또, 매년 경영계획 발표회에서는 작업장별 조례 콘테스트를 개최해서 좋은 성과를 올리고 있다. 밝고 활기찬 조례는 '좋은 사풍 만들기'에 빼놓을 수 없는 요소다.

　나는 직원들에게 "적어도 작업 시작 30분 전에는 반드시 출근하라"고 입이 닳도록 이야기한다. 일반적으로 가정 모드에서 업무 모드로 바뀌기까지 1시간 가까이 걸린다고 한다. 허둥대며 업무 시작 직전에 회사에 뛰어 들어온다면 일을 제대로 할 수 없다. 그래서 일단 생활을 아침형으로 바꿀 것을 권한다. 젊은 사람들에게는 상당히 힘든 일일 수도 있지만, 그것이 인간의 바람직한 생활 패턴이며 좋은 습관 만들기의 기본이다.

직원들의 눈빛이 달라졌다

가토제작소에는 조례 외에도 '고마바손주쿠'라는 중요한 직원 교육제도가 있다. 직원들은 이를 통칭 '고마손'이라고 부른다. 인간에게 가장 중요한 것은 먼저 기본적인 인간력, 다시 말해 인덕仁德이라는 것이 내 생각이다. '고마손'에서는 업무 기술이나 노하우 이전에 인간으로서 갖춰야 할 중요한 덕목을 중심으로 가르친다.

　'고마손'은 내게 조금 특별하다. 내가 회사에 입사한 1988년 말은 사회도 활황으로 달아올랐지만 그만큼 직원들의 이직도 많았다. 고졸로 입사하더라도 몇 년 지나면 좀더 조건이 좋은

148

회사로 옮겨버렸다. 나는 하는 수 없이 사람을 구하느라 분주했는데, 버블경제 한가운데였기 때문에 고졸 채용조차도 어려운 일이었다. 결국 중학교를 졸업하고 1년 동안 취업훈련학교에서 공부한 젊은이 4명을 채용했는데, 지금도 그때의 기쁨은 또렷이 기억한다.

이러한 구인난 속에서 '지금 일하는 직원은 회사를 그만두지 않고, 또 새로 들어온 젊은 직원은 회사를 옮기지 않았으면 좋겠다'는 바람으로 짜낸 묘안이 직원 교육을 제대로 실시하는 것이었다.

고마바손주쿠는 요시다 쇼인의 쇼카손주쿠松下村塾처럼 훌륭한 인재를 키워내겠다는 생각으로 붙인 이름이다. '고마바'는 가토제작소가 있는 나카쓰가와의 지명이다. 제1회 모임은 1989년 봄, 신입 사원을 대상으로 해발 1,000미터에 있는 네노우에 고원의 고쿠민슈쿠사國民宿舍라는 숙박시설을 빌려서 3박 4일 일정으로 열었다.

처음에는 사회인으로서 갖춰야 할 기본적 예절부터 가르쳤다. 대답이나 인사 같은 예절을 확실히 몸에 익힌다, 시간을 지킨다, 1년 동안은 공부라고 생각하고 인내한다, 늘 긍정적이고 밝은 말을 사용한다, 규칙적인 생활 습관을 몸에 익힌

가토제작소에서는 직원 교육을 중시한다.
'고마바손주쿠'에서는 업무 기술이나 노하우 이전에
'인간으로서 갖추어야 할 중요한 것'을 중심으로 가르친다.

다……. 이와 같은 예의범절과 사고방식을 다양한 사례를 들어서 가르쳤다.

또, 〈천칭의 노래〉(상인 정신을 가르쳐주는 일본의 독립영화)를 교재로 삼아 사회인이 된다는 것은 무엇인지 전하고, 집에 돌아가면 부모에게 효도하라는 숙제를 내주기도 했다. 나아가

'KJ법(도쿄기술대학 가와키타 지로 교수가 고안한 학습법으로 아이디어를 카드에 기술하고 통합해가는 수법)'을 사용해서 업무상 다양한 주제에 관한 미팅도 실시했다. 그리고 연수 후에는 반드시 주제별로 보고서를 작성하게 했다. 제대로 쓸 수 있을 때까지, 가끔은 밤늦게까지 지도했다.

이 보고서는 마지막에 문집으로 묶어서 직원과 그 가족, 직원들이나 때로는 거래처에도 배포했다. 신입 사원의 초심과 의지, 우리가 무엇을 중요시 하는지 간접적으로 이해시키고 싶었기 때문이다. 『고마바손주쿠 신입 사원 교육 감상문·효행 감상 문집』은 지금도 계속 만들고 있으며, 덕분에 회사 내외에서 호평을 받고 있다. 특히 신입 사원의 부모가 매우 기뻐해서, 자식의 문장을 읽고 감동했다는 감사 편지를 받은 일도 있다.

이렇게 시작한 '고마손'은 대상을 직원 전체로 확대해서, 지금은 거의 매달 한 번 개최한다. 횟수로는 이미 121회(2013년 2월 말 현재)를 헤아리며 10년 이상 계속되었다. 커리큘럼도 나날이 풍부해졌다. 화장실 청소 실습, 자신의 작업장과 특정 기계를 깨끗하게 정리하는 실습, 동업종 타사나 거래처 공장 견학, 때로는 이업종 견학·교류회도 열었다. 특히 맥도날드나 요시노야吉野家 같은 패스트푸드점, 편의점, 100엔숍 등 그때그

때 번성한 가게나 회사를 찾아가 쉽게 볼 수 있는 매장은 물론, 눈에 띄지 않는 가게 뒤쪽을 견학시킨 것은 큰 공부가 되었다.

그렇다고 처음부터 마지막까지 업무만 강조하는 것은 아니다. 밤에는 함께 술을 마시며 회사의 현재 상태부터 장래의 꿈까지 다양한 이야기를 나누는 것이 규칙이다. '함께 먹고 마시는 시간'을 마련해서 상대방을 더 깊이 이해하려는 것이다. 홍에 겨워 도를 넘지만 않는다면 술은 맨 정신으로는 할 수 없는 속마음까지도 쉽게 털어놓게 하는 장점이 있어 인간관계를 구축하는 데 효과적이다.

아침은 실습도 겸해서 반합飯盒에 밥을 짓는 것이 통과의례다. 설령 뜸이 덜 들어서 딱딱한 밥이 되었을지라도 자신이 열심히 준비한 식사에 불평을 말하는 자는 없다. 역시 무엇이든 당사자가 되어보지 않으면 모른다는 것을 실감했다. 또, 말 그대로 한솥밥을 먹으면서 단결력도 높아진 것 같다. 젊은 사람뿐만 아니라 실버 직원에게도 수강할 기회를 주고 있다. '고마손'을 시작한 뒤로 젊은이의 이직이 줄고 사내 분위기도 한층 밝아졌다. 나아가 직원들의 눈빛도 달라졌다. 작지만 직원들이 성장하고 있는 게 아닐까 하고 보람을 느낀다.

전통을 지키는 것이
사장의 임무다

가토제작소에는 고마손 외에 배움의 장場이 하나 더 있다. '대장장이 학교'라고 해서, 회사에 필요한 기술을 가르치는 곳이다. 우리와 같은 중소 제조업에서는 품질 좋은 제품을 만드는 기술이 곧 가치다. 그러므로 제조업 경영자라면 누구나 직원들에게 수준 높은 기술을 가르쳐서 그것을 무기 삼아 사업을 하고 싶을 것이다. 생산 속도나 단가로는 대기업이나 해외 기업을 당할 수 없기 때문이다. 직원의 몸에 밴 기술은 곧 회사의 재산이다. 여기에서 가장 큰 문제는 좋은 기술을 어떻게 계속 이어나가는가 하는 점이다.

가토제작소 직원의 연령 구성을 보면 50대와 60대가 직원의 약 절반을 차지한다. 은퇴 후에도 계속 일한다고 해도 앞으로 10년 안에는 모두 퇴직할 가능성이 높다. 그러면 기술이 끊어질 수 있다. 이러한 위기가 닥치기 전에 숙련공의 기술을 젊은 직원들이 배워서 계승하는 것이 가장 이상적인데, 현실은 그렇게 간단하지 않다. 아무리 매뉴얼이나 순서를 정리해서 알기 쉽게 해설해도 오랫동안 길러온 '감'이라는 것이 반드시 존

그 분야의 기능공이 직접 만든 교과서를 준비해서 강의와 실기를 지도한다. 가토제작소의 또 하나의 배움의 장인 '대장장이 학교'.

재한다. 금형 제조, 선반 작업, 용접 작업, 프레스 작업, 그중에서도 드로잉 기술을 자기 것으로 만드는 일은 만만치 않다.

옛날에는 '기술은 어깨 너머로 배우는 것'이라고 말했지만, 요즘 젊은이들에게는 통하지 않는 소리다. 제조의 즐거움을 알려주고 싶다면 먼저 가르치는 장을 만들어야 한다. 그래서 시작한 것이 대장장이 학교였다. 제조 분야마다 코스와 커리큘럼

154

을 만들고, 사내에서 그 분야의 기술자가 '공장工匠'으로 직접 만든 교과서를 준비해서 강의도 하고 실기도 지도한다.

프레스 분야라면 소재의 종류, 소재에 맞는 기름, 표면 흠집 판정, 가공 후 포장 등을, 조립 분야라면 생산 수량 관리와 그 방법, 자리를 뜰 경우의 규칙, 품질 확인 방법 등을 가르친다. 숙련공이 일일이 자상하게 가르치는 것이다. 그 후 기량 수준을 5등급으로 나누어서 판정한다. 1등급은 해당 기술 경험 없음. 2등급은 경험은 있지만 지도가 필요함. 3등급은 지도하지 않아도 지시하면 할 줄 앎. 4등급은 맡겨도 괜찮음(스승의 기술을 모두 전수받음). 5등급은 해당 기술에 뛰어나며 다른 사람을 지도할 수 있음. 현역 직원들은 기량 수준이 최종적으로 상여금과 승진에 영향을 준다.

분야에 따라 면허나 자격이 필요하다면 회사가 모든 경비를 부담해서 자격시험에 도전하게 한다. 나는 모든 직원이 한 가지 기술만 있는 '단순기능공'이 아니라 복잡한 작업이나 공정의 지식과 기술을 몸에 익힌 '다기능공'이 되기를 바란다. 직원 한 사람의 기술의 폭이 넓어지면 다품종 소량 생산의 주문을 받거나 품종이나 수량이 달라지는 등 거래처의 복잡한 요구에도 유연하게 대처할 수 있기 때문이다.

대장장이 학교에서는 직원의 미래상으로 세 가지 코스를 제시한다. 첫 번째는 리더 코스다. 이것은 다기능공으로서 리더를 말하는데 부하직원을 이끌고, 더 높은 보직을 목표로 한다. 물론 등급이 높아지면 급여도 올라간다. 두 번째는 전문직(기능자) 코스다. 남 앞에 서거나 남을 리드하는 일이 적성에 맞지 않는 사람도 많다. 그렇다면 특수한 기술을 익혀서 자신의 부가가치를 높이면 된다. 필요한 면허와 자격을 취득하고 기술을 높이면 등급도 올라가고 급여도 많아진다. 세 번째는 일반직 코스다. 직책이나 기술이 없어도 동료와 함께 하루하루 성실하게 일한다. 다만 승진 속도는 늦다.

이 세 가지 코스에서 한 가지를 선택하게 하는 것이다. '무엇을 위해서 일하는가, 장래에 어떤 사람이 되고 싶은가'라는 목표와 목적은 직원마다 다르다. 각자 잘하는 분야와 약한 분야가 있으므로 어떤 일을 할 때 동기부여가 되는 것도 사람마다 다르다. 그러므로 직원과 이야기하면서 자기가 나아갈 길을 결정하게 한다.

일본의 제조업이 쇠퇴하고 있는 이유 중 하나는 후계자가 없다는 것이다. 지방 소도시의 공장은 물론이고, 우리 같은 중소 제조업도 지금과 같은 취직난이 닥치기 전에는 젊은 사람이

156

찾는 일자리가 아니었다. 고도 경제 성장기 이후, 제품은 공장에서 기계로 한꺼번에 찍어내는 것이라는 사고가 만연했다. 작은 공장에서 기술자가 하나씩 만드는 부품 따위는 시대에 뒤떨어진 유물처럼 여겼다.

소위 공장 같은 곳에서 일하는 블루칼라보다 양복을 멋지게 빼입고 냉난방이 완비된 실내에서 업무를 보는 화이트칼라가 월급이나 노동조건도 좋기 때문에 젊은이들이 그쪽으로 옮겨가는 것도 당연하다면 당연한 일이었다. 게다가 부모들이 대부분 그러기를 바랐다. 그러나 최근 일본의 제조업이 재조명받는 분위기다. 그 이유 중 하나는 해외에서 대량생산된 질 낮은 상품으로 인해 장인의 수준 높은 솜씨가 다시 그리워진 것이 아닐까 생각한다. 기계로는 불가능한 치밀한 작업이나 사람의 감각에 의존할 수밖에 없는 작업이 있기 때문이다.

일본의 장인은 예전부터 솜씨가 뛰어났기 때문에 일본인은 그것을 당연하게 받아들이고 제대로 평가하지 않았다. 실제로는 좀처럼 흉내낼 수 없는 높은 기술과 숙련이 필요한 일이라는 것을, 이제야 새삼 깨닫고 다시 보게 된 것이 아닐까? 앞으로 일본에서 장인의 사회적 지위가 독일이나 이탈리아처럼 높아지지 않는다면 '제조업의 일본'은 이대로 끝나버릴 것이다. 현역 장인들이 은퇴할 날이 머지않은 것이다. 계속 젊은이가 제조업을 기피해서 우리가 오랫동안 길러온 기술을 그들에게 전수하지 못한다면 기술은 당장이라도 끊어질 것이다. 이 말은 역사가 끊긴다는 의미이기도 하다.

나는 앞으로도 장인의 가치를 좀더 널리 알리고자 노력할 것이다. 장인에게 가장 높은 보수를 지불하고 싶다. 제조업의 전통을 지켜가는 것이 사장인 나의 의무라고 자부한다.

눈에 보이지 않는 가치

지금까지는 실버 직원을 중심으로 이야기했는데, 당연히 우리도 신입 사원을 채용한다. 젊은 직원은 아무것에도 물들지 않은, 새하얀 상태로 입사한다. 그 점에서 실버 직원과 크게 다르다. 실버 직원은 어느 정도 색이 칠해진 상태이기 때문에 원래 색에 맞춰서 가르쳐야 한다. 파란색으로 칠해진 사람이 빨갛게 되기를 바라는 것도 무리이고, 그것은 가르치는 쪽이 주의를 기울이지 않으면 불가능한 일이다.

새하얀 신입 사원을 채색할 때는 책임이 중요하다. 어떻게 키워야 좋을지 생각해야 하는 것이다. 그래서 앞에서 말한 고마바손주쿠 등을 통해서 인간으로서 갖춰야 할 기본부터 가르치고 있다. 고마바손주쿠에서는 맨 먼저 올바른 자세 훈련부터 한다. 두 사람씩 서로 마주보고 '차렷' 자세를 취한 다음 상대방의 얼굴, 어깨, 손, 허리, 마지막으로 발의 상태를 확인한다. 그러면 등이 굽었다거나 몸이 옆으로 기우는 등 자세가 좋지 않은 사람이 상당히 많다는 것을 알 수 있다.

걸을 때나 앉을 때, 등 근육은 쭉 펴고, 턱은 안쪽으로 당기고, 허리뼈는 곧게 세우는 것이 중요하다. 자세가 올바르면 저절로 하고자 하는 의욕, 기운, 활력이 솟아난다. '기력의 근원은 자세에 있다'고 말해도 지나치지 않다. 따라서 모든 직원에게 전신거울을 보면서 자신의 자세를 점검하고, 아름다운 자세를 만들라고 말한다. 자세만 좋아져도 얼굴 표정과 행동을 비롯한 모든 것이 달라지니 참으로 신기한 일이다. 일을 잘하는 사람은 대체로 자세가 좋고 걸음걸이도 씩씩하다. 반대로 자세가 나쁘면 그것만으로도 상대에게 야무지지 못한 인상을 준다.

159

고작 자세일 뿐이라고 가볍게 여길지 모르지만, 이런 기본적인 부분이 돌고 돌아서 매출 신장과 사고 방지로 이어진다고 나는 확신한다. 가령 자세가 좋은 영업 직원과 자세가 나쁜 영업 직원 중 고객은 누구에게 상품을 구매하고 싶을까? 전화를 받을 때 등을 쭉 펴고 말하면 목소리가 저절로 밝고 쾌활해진다. 반면 등을 구부리고 턱을 괸 자세로 말을 하면 이상하게도 수화기 너머 상대에게 그 무기력한 기운이 전해진다. 눈에 보이지 않는 곳에서도 게으름을 피우지 않고 제대로 할 것. 이는 신입 사원 시절에 철저하게 가르쳐두어야 한다.

회사를 방문한 고객에게 차를 내는 일 하나도 대충 해버리면 단순 잡무로 끝난다. 자신만 생각한다면 적당히 차를 내고 즉시 일하러 가는 편이 나을 것이다. 일부러 찾아온 고객에게 맛있는 차를 대접하겠다는 마음이 있다면 차를 내는 일도 저절로 정성스러워진다. 이처럼 겉으로 드러나지 않는 일도 정성스럽게 할 수 있는지가 그 사람의 가치가 되고, 나아가서는 회사 전체의 가치가 된다.

개중에는 몇 번 주의를 주어도 잘하지 못하는 사람이 있다. 또 자신은 잘하려고 애쓰지만 제대로 안 되는 경우도 있다. 이는 자기는 이를 제대로 닦았다고 생각하지만 실제로는 이 사이에 음식 찌꺼기가 남는 것과 같다. 치과 의사는 이런 사람에게 몇 번씩 되풀이해서 이 닦는 방법을 설명하거나 약을 발라서 이에 남아 있는 찌꺼기를 보여주거나 칫솔로 연습을 시키거나 한다.

나는 말로만 주의를 주는 것이 아니라 실제로 보여주거나 다른 표현을 써보는 등 온갖 수단을 가리지 않고 끊임없이 가르친다. 멀리 돌아가더라도 그렇게 하면 한약처럼 천천히 효과가 나타나기 때문이다. 시간도 많이 걸리고 수고스럽지만 이 일을 게을리하면 성장할 수 없다. 또 일을 계속하려면 성취와 보람을 느낄 수 있는 기회가 필요하다. 물건을 만든다는 것은 매우 재미있는 일이다. 자기 힘으로 완성했을 때의 기쁨은 무엇과도 바꿀 수 없으며, 완성한 제품은 내 자식처럼 각별하다.

나도 실제 현장에서 작업을 한 적이 있다. 기술을 배우고, 그 일에 능숙해졌을 때는 스스로 자랑스러움마저 들었다. 한 걸음 더 나아가 '더 좋은 물건을 만들고 싶다'는 열정이 마음 깊은 곳에서 끓어올랐다. 아마 직원들도 이런 기쁨을 잘 알기에 오늘도 현장에서 땀 흘리며 일하는 것이다.

이처럼 눈에 보이지 않는 가치가 제조업의 세계에 깊이 뿌리내리고 있다. 현장의 작업은 생산량 등 숫자로 나타난다. 하지만 숫자로 표시할 수 없는, 눈에 보이지 않은 것들에 더 큰 가치가 있다. 상대를 인정하고 헤아리는 마음, 다른 사람을 배려하는 마음, 성장하고자 하는 마음 등 모든 사람의 마음속에 이런 보물이 숨어 있다. 회사는 그것을 발굴해야 하고, 직원은 동료와 상사와 부하직원과 함께 그것을 갈고닦아야 한다.

품질로 승부하다

오늘날 모든 제조업은 '글로벌화'와 '비용 절감'이라는 두 가지 과제에 직면했다. 해외의 값싼 부품이 대량으로 들어오는 속에서 어떻게 일감을 확보할 것인지, 어떻게 가격 경쟁에 휘말리지 않을 것인지가 경영에서 중요한 과제로 떠올랐다. 대기업이라면 공장을 해외로 옮겨서 생산 비용을 낮추는 전략을 생각하겠지만, 중소기업으로서는 선뜻 선택하기 어려운 전략이다.

　　최근 수년 동안 이런저런 궁리를 거듭한 끝에 우리는 국내에서 살아남는 것에 전념하기로 결정했다. 이유로는 먼저 회사의 리스크가 높다는 점이다. 해외에 공장을 지었다고 해서 반드시 투자한 금액을 회수할 수 있다고 단정하기 어렵다. 해

162

외에서 생산 체제를 정비하는데도 시간이 걸릴 것이고, 현지인도 많이 고용해야 한다. 현지인과의 사이에 문제가 발생했다는 이야기도 자주 듣기 때문에 눈길이 미치지 않는 곳에서 공장을 가동하는 것은 상당한 도박이다.

또 한 가지는 해외에서 제품을 생산하려면 현지에 머물 직원을 파견해야 한다는 점이다. 나카쓰가와를 떠나 해외에서 생활하는 것이 과연 직원에게 행복한 일일까? 그 점을 생각했을 때 '아니다'라는 결론에 이르렀다. 국내에서 승부했을 때의 어려움은 충분히 알고 있다. 산업공동화는 1980년대 중반부터 문제가 되었지만, 해결은커녕 최근 가속화되고 있다. 나는 이 공동화를 멈출 수 없을 것이라고 생각한다.

일본의 산업이 공동화할 수밖에 없는 한 가지 이유는 가격 경쟁력이다. 인건비를 줄이기 위해서 많은 기업이 생산 거점을 국내에서 해외로 옮겼다. 그런데 해외에서 물건을 생산하려면 현지인을 고용해서 기술을 가르쳐야 한다. 그 결과 일본의 기술이 해외로 유출되었고, 일본에는 기술자가 남지 않게 되었다.

대기업이 일본으로 돌아올 것이라고는 생각하지 않는다. 최근 중국의 인건비가 오르면서 중국 대신 태국이나 미얀마 등으로 진출하는 기업도 늘었다. 앞으로도 일본 기업은 인건비가 좀더 싼 나라를 찾아서 자꾸만 일본을 떠날 것이다. 그것이 자본주의다. 지금은 TPP(환태평양경제동반자협정)에 참여하느냐 마느냐로 논의가 일고 있는데, 세계에서 일본의 위치를 늘 생각해야 한다. 국내만을 기준으로 판단하면 방향성을 잃기 쉽다.

그래도 나는 굳이 국내에서 도전하는 길을 선택했다. 회사는 급성장보다는 오래 존속하는 데 가치가 있다. 그러기 위해서는, 당연한 소리지만, 좋은 제품을 적정한 가격으로 파는 수밖에 없다. 좋은 제품을 만들기 위해서는 지금의 가토제작소 임직원이 아니면 안 된다. 임시방편으로 모집한 해외 직원으로는 대신할 수 없으며, 품질이 떨어지면 신용은 눈 깜짝할 사이에 사라진다. 확대노선을 선택했다가 자칫 자기가 자신의 목을 조르는 사태가 벌어질 수도 있는 것이다.

좋은 품질은 그 자체가 부가가치가 된다. 싼 게 비지떡인 가격 하락 경쟁에 휘말리지 않고 당당히 품질로 승부하는 것이야말로 제조업의 목표가 되어야 한다. 가격 인하 전쟁은 기업에 결코 유익한 일이 아니다. 수년 전부터 계속되고 있는 덮밥 체인점(요시노야)의 가격 인하 경쟁은 확실히 소모전으로 보인다. 가격을 낮추면 일시적으로는 시장을 확보할 수 있을지 몰라도 고객은 싼 가격에만 눈이 가기 때문에 더 싼 가게가 나타

164

나면 쉽게 발길을 옮겨버린다. 그렇게 되면 가격을 더 낮추는 수밖에 다른 방법이 없다.

이런 식으로 가격 인하가 되풀이되면 상품의 품질이 낮아지는 것은 물론 인건비와 설비 비용을 깎을 수밖에 없다. 그러면 종업원의 의욕은 떨어지고, 가게의 서비스 질은 나빠진다. 그 결과 더 많은 고객이 떠나버리는 악순환에 빠진다. 우리도 거래처의 비용 삭감 요구에 필사적으로 노력하고 있지만, 결과가 반드시 기대에 부응했던 것은 아니다. 그래도 우리의 기술력을 높이 평가해주는 거래처가 많은 것은 정말로 고마운 일이다. 국내에서 살아남는 전략의 중심은 역시 기술력이다. 기술을 연마해서 타사가 흉내낼 수 없는 질 높은 사업을 계속하는 것만이 무기다.

2011년 3월 동일본 대지진 이후, 피해를 입은 도후쿠東北의 공장이 줄줄이 생산을 중지하자 전 세계의 자동차와 컴퓨터 업계가 타격을 입었다고 한다. 얄궂은 소리 같지만 국내 중소기업이 전 세계 공장을 쥐락펴락한다는 사실이 증명된 사례다. 일본은 아직 저력이 있다. 우리도 그 한 부분을 담당하고 있고, 앞으로도 국내의 수요를 받쳐주는 쪽에 남고 싶다.

일본에 창업 100년이 넘는 회사는 2만 2,219사에 이른다고 한다(2010년). 그 중에서 493사가 기후현에 있어 전국에서 21번째로 많다. 가토제작소도 그중 한 곳이다. 이웃 공장이 해외로 거점을 옮겨도 우리는 50년 뒤에도, 100년 뒤에도 이 지역에서 일하는 것을 사명으로 여긴다. 나는 경영자이기 때문에 감독하는 위치에 있지만 차세대, 그다음 세대로 회사를 이어주는 중간 계투이기도 한 것이다.

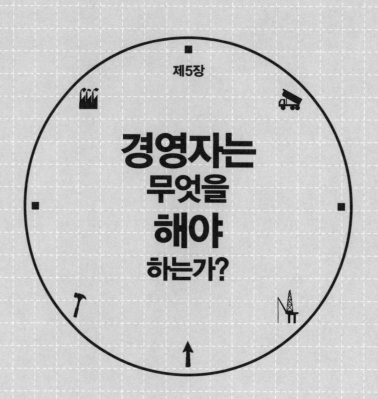

제5장

경영자는
무엇을
해야
하는가?

구조조정은
안 된다

회사를 경영하다 보면 늘 순풍에 돛 단 배처럼 순항만 하는 것이 아니어서 반드시 흥망성쇠를 겪는다. 그리고 경영자로서 능력을 시험받는 것은 역경에 부딪쳤을 때다. 2008년 가을, 전 세계에 금융 위기가 닥쳤을 때 우리도 예외 없이 큰 타격을 입었다. 순식간에 수주가 줄어서 작업량이 평소의 절반 정도로 떨어진 것이다. 창업 이후 단 한 번도 적자를 낸 적 없던 우리가 처음으로, 그것도 생각할 수 없을 정도로 큰 적자를 냈다. 매출이 전년도에 비해 30퍼센트나 감소한 것이다. 다달이 나던 적자는 그 다음해에도 계속되었고, 결국 10개월 연속 매출이 떨어졌다.

'앞으로 어떻게 될까?', '이대로 도산해버리는 건 아닐까?' 하루하루 불안에 떨며 지냈다. 경영이 악화되었을 때 경영자는 맨 먼저 비용 삭감에 착수한다. 우리도 모든 비용을 재검토해서 줄일 곳은 줄였다. 그렇게 해서 마지막으로 남은 것이 인건비였다. 물론 내 월급은 제로였고, 직원들의 월급도 일부 깎었다. 보너스는 당분간 모두 보류했다. 그래도 여전히 힘들었다. 하지만 구조조정만큼은 피하고 싶었다. 거기에 손을 대면 회사로서 끝이라는 생각이 들었던 것이다. 직원의 고용을 지켜내는 것이야말로 회사의 존재 가치이며, 사장의 사명이라고 믿어 의심치 않았다.

대기업은 경영이 악화되면 비용 절감이라는 이유로 대담한 구조조정을 단행한다. 아니면 조기 퇴직자를 모집한다. 대기업에는 대기업 나름의 생존 전략이 있겠지만, 직원의 행복을 생각하지 않는 회사는 앞으로 오랫동안 살아남을 수 없다고 생각한다. 아무리 힘들어도 구조조정이라는 선택은 하고 싶지 않았다. 고심에 고심을 거듭한 끝에 실버 직원의 작업량을 줄이기로 했다. 물론 실버 직원도 생활을 꾸려가야 한다는 것은 알았지만, 일단 비난을 각오하고 실버 직원에게 사정을 털어놓았다.

"지금은 부탁드릴 일이 없습니다. 이번 주는 하루만 출근하고 나머지 날은 쉬셔야 할 것 같습니다"라고 고개를 숙였다. 그런데 놀랍게도 모두 "알았습니다, 괜찮습니다. 지금 회사도 힘드니까 도와야죠"라고 흔쾌히 받아들여준 것이다. 그래서 주말 가동 없이 평일에만 일하기로 하고, 근무 일수도 지금까지 3.5일 근무하던 것을 0.5~3.5일 범위 내에서 유연하게 대처하는 계약조건으로 양해를 해주었다. 이로써 고용 규모를 실질적으로 절반으로 줄일 수 있었기 때문에 어려운 시기를 간신히 버틸 수 있었다.

실버 직원은 기본적으로 생활비는 연금으로 조달하고, 여윳돈을 마련하거나 보람을 느끼기 위해서 일하는 사람이 많기 때문에 이와 같은 유사시에 쉽게 협력해준다. 하지만 파견 직원이나 생계형 아르바이트 직원이라면 급료 삭감이 당장 생활고로 이어진다. 수년 전, 회사 기숙사에서 생활하던 파견 직원이 갑자기 계약이 해지되어 급료는커녕 주거할 곳까지 동시에 잃는 바람에 도쿄 히비야 공원에 모여서 간이숙박시설인 '해넘이 파견촌'이라는 피난처를 만든 일도 기억에 새롭다. 역시 회사는 직원의 생활 안정을 고려해서 결단을 내려야 하는 것이다. 그 후 실적이 회복되어 실버 직원은 다시 예전처럼 일하게 되었다. 지금도 그때 회사의 사정을 흔쾌히 이해해준 분들에게 깊이 감사한다.

"직원들을 크게 안심시키세요"

실적이 저조하던 시기에 마음만큼은 긍정적으로 활기차게 하루하루를 보내야겠다는 생각으로 우선 회사 정문 앞에서 직원들에게 인사하기 시작했다. 2008년 가을부터 이듬해 말까지 매일 아침, 정문에 서서 직원들을 맞이하며 "안녕하십니까?", "오늘도 잘 부탁합니다"라고 직원들의 이름을 일일이 부르며 인사를 건넸다. 나카쓰가와의 겨울은 아침 기온이 영하 6도 가까이 내려가서, 그야말로 몸이 꽁꽁 얼어붙을 만큼 춥다. 따라서 손가락이 곱은 채로 1시간이나 서 있는 것은 상당히 힘든 일이다. 그러나 경영은 점점 힘들어져도 '조금이라도 여러분에게 힘을 주고 싶다', '우리는 괜찮다. 안심하고 일해달라'며 나 자

172

신과 직원들을 응원할 요량으로 인사를 건넸던 것이다.

당시 '활력 조례'에서 직원들에게 배포한 자료에는 "불황일 때야말로 밝고 활기차게 인사합시다! 힘든 시대지만 앞으로 직원들과 그 가족을 지키기 위해서라도 기반을 단단히 다져야 합니다. 그리고 불황일수록 회사를 밝게 만들어야 합니다. 나를 비롯한 모든 직원은 사풍을 밝게 만들 것을 명심하고, 날마다 실천하는 것이 중요합니다. 그래서 앞으로 인사할 때는 밝고 큰 목소리로 서로 상대방의 이름을 불러주고, 웃는 얼굴로 긍정적인 말을 주고받아서 더욱 활기찬 회사를 만듭시다"라고 썼다.

직원들도 조례를 시작하기 전에 서로 악수를 하고 인사를 나누어서 가라앉기 쉬운 분위기를 어떻게든 불식시키려고 노력했다. 힘들 때 중요한 것은 '마음이 우선'이라는 생각이다. 곤란한 상황에 처할수록 마음이 먼저 항복해버리면 싸울 수 없다. 이상하게도 환경은 사람의 마음 상태에 따라 달라진다. 회사도 마찬가지여서 힘들 때일수록 밝고 쾌활하게 일하는 수밖에 다른 타개책이 없다. 이렇게 하면 상황은 반드시 좋아질 것이라고 믿고 실행했다. 사람은 병도 옮기지만 건강도 옮긴다. 말을 거는 것은 밭작물에 거름을 주는 일과 같을지도 모른다.

덕분에 모두가 힘을 합해서 '불황을 극복할 수 있었다'고 마무리하면 좋겠지만 현실은 그리 호락호락하지 않았다. 나는 생각과는 반대로 직원들을 막다른 곳으로 내몰고 있었던 것이다. 애써 밝게 행동하려고 했지만 초조하고 애타는 마음이 얼굴에 드러나 버린 모양이다. 그 무렵에는 직원들끼리 농담을 주고받는 모습만 보아도 '이렇게 적자가 계속되는데 웃을 여유가 있다니' 하며 답답할 때도 있었다. 그런 속마음을 직원들에게 터뜨리지는 않았지만 싸늘한 공기가 전해졌던 것 같다. 마침내 직원들의 부상이 잦아졌다.

지금까지 안전을 제일로 여겼기 때문에 직원이 다친 일은 거의 없었다. 그런데 숙련된 직원까지도 부상을 입었다. 나는 이 상황을 어떻게 극복해야 좋을지 몰라서 지푸라기라도 잡는 심정으로 윤리연구소의 이즈미 겐지를 찾아갔다. 내 고민을 들은 그는 "당신의 경영은 주먹구구식이군요"라고 지적했다. '주먹구구식이라니. 어떻게든 열심히 해서 역경을 이겨내려고 하는데…….. 대체 내 말을 제대로 듣기나 한 거야?' 솔직히 나는 불쾌했다.

174 　그래서 직원들의 안전을 기원하기 위해 신사에 참배하고, 심기일전해서 이제 괜찮을 것이라고 안도했다. 그러던 차에 직

원이 또 사고를 당한 것이다. 이 일로 나는 완전히 무너져내렸다. 다시 한 번 주먹구구식이라고 지적한 이즈미 겐지를 찾아 갔다. 맥 빠진 모습으로 지금의 현상을 이야기하고 "대체 어떻게 하면 좋겠습니까?"라고 묻는 내게 그는 딱 한마디만 충고했다. "직원들을 크게 안심시키세요." 그냥 안심이 아니라 '큰' 안심이다. 그 한마디에 나는 어쩐 일인지 눈물이 멈추지 않았다. 직원을 크게 안심시키려면 나부터 마음이 편해야 한다는 것을 깨달았기 때문이다. 초조하고 조급한 마음이 직원들에게 고스란히 전해져 불안하게 만들었던 것이다.

　그 일을 계기로 내 마음도 수습되었고 현실을 받아들이게 되었다. 그러자 직원을 재촉하지 않고 따뜻하게 지켜볼 여유가 생겼다. 어느덧 사내 분위기도 밝아졌고 직원들의 부상도 완전히 사라졌다. 그리고 기다리기라도 했다는 듯 작업량이 차츰 늘면서 새로운 일도 들어오게 되었다. 이 일 이후 나는 미숙한 경영자일수록 얼굴에 자신의 초조함을 온전히 드러낸다는 사실을 절실히 깨달았다.

　실버 직원 중에는 상상하기 힘들 정도의 고생을 극복하고 살아온 분도 있다. 그런 분일수록 부드럽고 따뜻한, 부처님 같은 표정을 하고 있다. 모든 것을 인정하고, 모든 것을 받아들이고, 모든 것을 포용하며 살아온 것이다. 나는 아직 그런 경지에 이르지 못했다. 리더는 어떤 사태에 직면해도 태연자약하고 침착해야 한다. 그런 가르침을 얻은 시기였다.

'오른손에는 주판, 왼손에는 낭만, 어깨에는 인내'

사장이 하는 일을 한마디로 정의하자면 회사를 경영하는 것이지만, 그렇다고 그저 책상 앞에 앉아 있다고 회사가 저절로 움직이는 것은 아니다. 사장은 앞장서서 '나를 따르라'며 스스로 달려나가야 한다. 다시 말해 솔선해서 모범을 보여야 하는 자리인 것이다. 사장이 직원보다 5배 일하지 않으면 기업은 살아남을 수 없다는 것이 내 지론이다. 나는 새벽 4시에 일어나서 5시 30분에 출근한다. 직원이 출근하기 전에 먼저 내 업무부터 정리한다. 밤 8시 30분에서 9시 사이에 퇴근하니 하루에 일하는 시간이 15~16시간이나 된다. 휴일은 기본적으로 일요일뿐이므로 연간으로 치면 4,800~4,900시간 노동하는 셈이다. 물론 단순히 시간만의 문제가 아니다.

사장은 직원이나 거래처는 물론 상품과 시장, 매입과 매출, 손익과 재무 등 모든 방면을 살피고 신경 써야 한다. 경영자에게 가장 중요한 덕목은 '마음(인덕)'이다. 나는 아버지께 이 회사를 물려받았지만, 사장의 덕이 부족하면 회사가 잘 돌아가지 않고 사장의 능력이 뛰어나도 직원이 따르지 않는다. 과거에도 이런 예는 많았다. 중소기업의 경영자는 뒷모습으로 자신의 생각을 직원들에게 전할 수 있어야 한다. 나는 사장이 갖춰야 할 10가지 마음가짐으로 다음을 염두에 두고 생활한다.

사장은 경영 이념을 명확히 한다.

사장은 아침에 제일 먼저 출근한다.

사장은 직원 교육에 투자한다.

사장은 적극적으로 공부한다.

사장은 건강 관리를 철저히 한다.

사장은 솔선해서 청소한다.

사장은 스스로 경영계획을 짠다.

사장은 예산과 실적 관리를 철저히 한다.

사장은 스스로 톱 세일즈맨이 된다.

사장은 일을 취미로 한다.

이는 아버지가 사장이던 시절에 실천했고, 아버지의 뒷모습으로 전해준 내용이기도 하다. 힘든 일이기는 하지만 이 정도 경지에 이르러야 비로소 제몫을 다하는 사장이라고 말할 수 있겠다. 이를 명심하고 실천하다 보면 마음도 단련되고 덕도 쌓이지 않을까 생각한다. 마음은 눈에 보이지 않지만 말과 행동은 보인다. '고마바손주쿠'에서 직원들에게 가르치는 내용이지만 경영자도 일상생활 속에서 인사와 대답, 예의, 약속 지키기, 정리정돈, 청소 등을 소홀히 하면 덕이 쌓이지 않는다. 하지만 남을 위해서 움직이고, 다른 사람이 꺼리는 일을 나서서 하면 인덕은 반드시 따른다.

직원들은 늘 사장의 뒷모습을 보고 있다. 사장이 아무리 멋진 소리를 떠들어도 직원들은 단 3시간 만에 사장의 인품과 일하는 솜씨, 스스로 내건 비전과 이념을 달성하기 위해 진심으로 노력하는가 정도는 정확히 간파한다. 반대로 사장은 3일을 봐도, 3개월이 지나도, 3년이 흘러도 직원을 잘 모른다. 그러므로 사장의 가장 중요한 과제는 솔선해서 직원의 목소리에 귀를 기울이는 것이다. 이 과제를 소홀히 하면 절대 안 된다.

여기까지의 내용을 이해하고, 또 열심히 지킬 수 있다면 나는 내 아들이 부디 회사를 이어받기를 진심으로 바란다. 그

것이 어렵다면 적합한 사람을 회사 내에서, 또는 외부에서 찾는 수밖에 없다. 경영자는 "취미가 일입니다"라고 말할 수 있을 만큼 즐겁고 긍정적으로 일에 매달릴 수 있어야 하고, 그것이 불가능하다면 일은 그저 힘들고 괴로운 돈벌이로 남을 뿐이다. 경영자는 '오른손에는 주판, 왼손에는 낭만, 어깨에는 인내'를 실천할 수 있어야 한다.

아무리 힘들어도 도망가지 않는다

내게는 20년 동안 한결같이 지니고 다니는 사진이 있다. 어떤 빌딩의 외관을 찍은 사진으로, 그것을 볼 때마다 나는 큰 교훈을 얻는다. 아직 사장이 되기 전의 이야기인데, 나는 회사에 큰 손해를 끼치는 실패를 저지른 일이 있다. 당시, 환경 분야에 힘을 쏟고 있던 우리는 일본 가이시에서 고속도로 차음벽 제작을 수주해 거래를 크게 늘리던 중이었다.

1994년에는 NTT 신주쿠 빌딩 쿨링타워(냉각탑) 설치장의 방음벽 공사 도급을 맡았는데, 이는 내가 영업해서 수주한, 매우 큰 건이었다. 종래에 취급하던 고속도로 차음벽과 달리 쿨링타워라는 거대 장치를 에워싸서 방음하는 작업이라 안쪽에는 세라믹을 발라서 방음 효과를 주고, 외벽은 신주쿠의 한복판에 설치하는 만큼 보기에도 아름다운 금속 느낌의 도장제로 커튼월(장벽)을 만들기로 했다. 이것을 100쌍 가까이 제작해야 하는 일이었다.

당시에는 납기까지 어떻게든 될 거라고 생각했지만, 수백 개나 되는 패널을 만드는 데 예상외로 시간이 많이 걸렸다. 방음벽 골조는 크고 복잡했고, 도장도 쉽게 얼룩이 져서 불량품이 많이 나오는 등 나는 점점 궁지에 몰렸다. 결국 예정된 공정보다 훨씬 늦어져서 거래처에도 막대한 피해를 입히고 말았다.

우리는 손 쓸 수 없는 지경까지 내몰렸고, 가이시도 어쩔 수 없이 직원을 여러 명 파견해 우리를 도왔다. 또 우리가 제작할 수 없는 부분은 다른 협력사에 외주를 주었다. 인력도 부족해서 여기저기 연락해서 도움을 청하는 등 온통 외부의 지원을 받아야 할 정도로 문제가 커져버렸다.

당연한 말이지만 우리도 주야와 주말 가릴 것 없이 죽기 살기로 매달렸다. 아버지는 트럭 기사가 되었고 어머니는 매끼 식사를 도왔으며 나는 며칠씩 회사에서 쪽잠을 자며 오로지 제조에만 매달렸다. 결과적으로는 수많은 사람 덕분에 몇 달 뒤 간신히 납품할 수 있었지만, 약 1억 엔이라는 엄청난 적자를 봐야 했다. 수주했을 때의 허술한 전망과 미숙한 계획 탓으로 여러 가지 반성할 점을 남겼다.

내가 말한 사진이 이때 완성한 NTT 신주쿠 빌딩의 외관을 찍은 사진이다. 훗날, 우리를 도와준 담당자가 "당시 일요일에 갑자기 가토제작소를 방문했을 때 열심히 일하는 모습을 보고 당신은 절대로 도망가지 않겠구나 하고 생각했다. 만일 조금이라도 그런 모습을 보여주지 않았으면 다시는 거래를 하지 않았을 것이다"라고 진지하게 말했다. 아무리 힘들고 도망치고 싶어도 피하지 말고 곤란에 맞선다. 위기를 있는 그대로 인정하고, 힘든 상황에서 무엇을 해야 할지 생각하고 행동으로 옮기면 그 끝에는 반드시 기회가 기다리고 있다.

중소기업이라도 우물 안 개구리는 되지 마라

아버지가 사장이던 시절, 앞으로는 해외경험 없이는 기업을 경영하기 어렵다는 분위기가 팽배해서 1986년 4월, 나는 해외로 연수를 떠났다. 이때 싱가포르에 있는 미쓰비시전기의 텔레비전 제조회사 'MEMS'의 가쓰야마 다카요시 사장에게 부탁해서 그곳에 취직했다. 의기양양하게 출발했지만 첫 해외 생활, 게다가 영어를 거의 하지 못하는 나는 그곳 생활에 익숙해지기까지 시간이 걸렸다.

현지에서는 '헤븐(천국)'이라는 이름의 아파트에 살았다. 전에는 일본인 주재원이 많이 살았던 모양이지만 내가 입주했을 때는 나 혼자만 일본인이었다. 싱가포르에는 중국인, 말레이시아인, 인도인, 서양인 등 많은 인종이 섞여서 산다. 헤븐은 그 다양성을 체현하기에 안성맞춤이어서, 집주인은 중국인 할머니, 가정부는 필리핀 아주머니, 밤에는 머리에 터번을 두른 인도인 할아버지가 현관에서 경비를 섰다. 빨래는 가정부가 해주었는데 자기 마음대로 내 방에 들어와서 빨랫감을 가져갔기 때문에 처음에는 상당히 놀랐다.

천장에 커다란 실링팬이 돌아가는 방은 남국의 방 그 자체였다. 밖에는 바나나나무가 무성해서 정글 같은 분위기를 자아냈다. 그 아파트에는 비단뱀이 산다는 소문이 파다했는데, 뱀이 나오면 어쩌나 벌벌 떨며 걱정하던 시기도 있었다. 각 민

족마다 문화와 풍습은 물론 먹는 음식도 완전히 달랐다. 또 인종에 따라 다니는 직장도 달랐는데, 거기에는 뛰어넘을 수 없는 높은 장벽이 있었다. 그런 현실에 부딪치면서 서로 다름을 이해하고 받아들이는 마음가짐이 중요하다는 것을 배웠다.

현지 직원들은 일본인과 달리 아침 일찍부터 밤늦게까지 일하는 법이 없었다. 자신의 업무 범위를 지키고 절대로 그 틀을 깨지 않는다. 내가 맡은 일은 텔레비전을 만드는 부품을 조달하는 업무와 미국, 캐나다, 영국 등 현지 텔레비전 제조공장으로 부품 수출입을 준비하는 업무였다. 다만 처음에는 일본인 직원의 조수 정도의 위치라서, 어찌 보면 짐스러운 존재이기도 했다. 그런 나를 흔쾌히 받아준 사장에게는 지금도 감사할 따름이다.

그럭저럭 영어로 의사를 소통할 수 있게 되자 일도 재미있어졌고, 차츰 비중 있는 일을 맡게 되었다. 덧붙여서 경리 일까지 도왔다. 일은 날마다 밤늦게까지 했는데, 일이 끝나면 어둠에 잠긴 싱가포르 거리로 뛰쳐나가는 것이 일상이었다. 지금 돌이켜보면 지칠 줄 몰랐던 것 같다. 그때는 젊었으니까.

싱가포르에서도 술은 친목을 다지는 데 매우 효과적인 도구였고, 현지인에게 호감을 사야 일이 쉽게 진행된다는 것도 배웠다. 교류가 깊어짐에 따라 직원들의 집에도 자주 초대받았다. 말레이시아인 직원의 결혼식에 초대받았을 때는 나도 전통의상을 입고 향신료가 들어간 음식을 대접받았다. 참으로 멋진 추억이다.

1년 반 정도의 짧은 근무였지만 적으나마 국제적인 감각을 익힐 수 있었던 시간이다. 인간은 어디든 갈 수 있고, 말이 통하지 않아도 몸짓 하나로 누구와도 소통할 수 있다는 자신감도 얻었다. 그 후, 곧바로 귀국하지 않았다. 부모님은 '슬슬 귀국하라'고 재촉했지만 다른 나라에도 가보고 싶은 마음에 당시 내가 담당하던 미쓰비시전기의 미국 현지법인 'MCEA'의 오마루 미키오 사장에게 도움을 청했다.

1987년 11월, 싱가포르 여러분의 지원과 부모님의 허락을 얻어 귀국 일주일 뒤에 다시 미국으로 떠났다. 첫 근무지는 조지아주 애틀랜타, 그 후 캘리포니아주의 산타마리아로 옮겼다. 미국에서는 구매와 경리 업무를 담당했고, 덤핑(부당 염가판매) 자료 작성을 도왔다. 미국 회사의 큰 특징은 주휴3일제인 만큼 아침 7시에 작업을 시작해서 하루 10시간, 주 40시간 노동하는 시스템이었다.

독신인 나는 남는 시간을 주체하지 못해 주말마다 미국

나는 싱가포르와 미국에서 근무하면서
국제적인 감각을 익힐 수 있었다.

각지를 여행했다. 이 나라에서는 비행기가 기차 정도의 저렴한
교통수단이라 보스턴, 뉴욕, 워싱턴, 플로리다, 뉴올리언스 등
주요 도시를 거의 다 돌아보는 귀중한 체험을 할 수 있었다. 미
국은 각 주마다 시차도 크고, 또 그야말로 인종의 도가니다. 그
곳에서 생활하면서 내 세계관이 얼마나 작았는지 뚜렷이 알 수

있었다.

미국에서는 어떻게든 내 주의주장을 분명히 하고, 주체성 있게 행동하는 것이 중요하다는 것을 배웠다. 나는 어떤 사람이고, 앞으로 무엇을 할 것인가. 자연스럽게 이런 생각을 하게 되었고, 그것이 오늘날 경영자의 자세에 많은 영향을 끼쳤다. 1년 정도 미국 근무를 마치고 1988년 말에 마침내 귀국했다. 그 후 가토제작소에 당당하게 입사했다.

해외 경험을 하면서 가장 크게 느낀 점은 설령 지방 중소기업이라고 해도 우물 안 개구리로 살면 안 된다는 것이다. 내가 사는 땅과 내 회사를 외부에서 바라볼 수 있는 기회를 얻은 것에 감사한다. 덕분에 훨씬 넓은 시야로 사물을 판단할 수 있게 되었다.

내 인생은
'PDCA 사이클'로 순환한다

186 나는 내 인생의 20년 계획을 세웠다. '그렇게 멀리까지?'라고 생각하는 분도 있겠지만, 꿈은 일단 그리는 것에서부터 시작된

다. 옛날이야기지만, 아폴로 계획도 먼저 인류가 달에 가고 싶다는 꿈을 꾸고, 그 꿈을 이루려면 어떻게 해야 좋을지 방법을 구체화하고, 계획을 세워서 실행했기 때문에 인류의 낭만이 멋지게 실현된 것이다. 내가 날마다 어떤 사람이 되고 싶은지 그리면 그 꿈은 반드시 실현된다고 믿는다. 그것도 막연히 그리는 것이 아니라 구체적으로 '몇 년까지 무엇을 하겠다'고 구상하는 것이다.

20년 계획은 매년 새해 첫날에 다시 검토하고, 또 20년 계획을 실현하기 위해서 올해 해야 할 일을 생각한다. 그다음 매달 해야 할 일을 생각하고, 나아가 매주 목표를 세우고, 매일 아침 일어나서 그날 할 일을 계획한다. 다시 말해 내 인생은 Plan(계획), Do(실행), Check(검토), Action(개선)의 'PDCA 사이클'의 순환이다.

많은 사람이 "매년 목표를 세우지만 바쁜 시간에 쫓겨서 한 달만 지나도 목표가 무엇이었는지 불확실해진다"고 말한다. 나도 예전에는 그랬지만 요즘은 하루하루 그 날의 목표를 수첩에 써서 갖고 다닌다. 그 내용을 자주 확인하기 때문에 잊어버릴 일은 없다. 글로 쓰는 작업도 중요해서, 머리에 떠오른 생각을 글로 옮기면 쓰는 동안 정리가 된다. 어렴풋이 머리로

만 '오늘 잘해야지' 하고 생각하면 잘 되지 않는다. 구체적으로 '오늘은 10군데 회사를 돌아보자'고 수치로 정해야 행동으로 옮기기 쉽다.

인생 계획은 일에만 한정되는 것이 아니라 '20년 동안 아프지 말고 건강하자', '가족과 잘 지내자' 같은 사적인 목표도 있고, '나카쓰가와의 중소기업 발전에 공헌하고 싶다'는 큰 꿈도 있다. 2013년 내 목표는 이 책을 출판하는 것과 출판기념회를 여는 것이다. 하루하루 세우는 목표로는 '오늘 모임에서는 내 생각을 솔직하게 전하자', '웃는 얼굴로 하루를 보내자'처럼 소소한 행동에 관한 것이 많다. 그리고 하루를 마감하면서 그 계획을 실행했는지 점검하고 반성한다.

『논어』에 '삼성三省'이라는 말이 있다. 하루에 3번 자신의 언행을 돌아보고, 과실이 없었는지 반성한다는 뜻이다. 노력이 부족하지 않았나, 남에게 불성실하지 않았나, 배움을 복습하지 않았나! 이 세 가지를 늘 확인하고, 실천하지 못했다면 개선할 방법을 생각한다. 이는 경영자로서 반드시 가져야 할 자세이며, 반성하지 않으면 개선점을 찾을 수 없다. 개선하지 못하면 성장은 그대로 멈춰버린다.

회사 전체의 목표와 비전을 명문화하는 것도 중요하다.

188

나는 매년 초, 직원들 앞에서 그해 목표를 발표한다. 매년 'CHANGE! 개혁과 도전', '모두 바꾸자', '애사정신' 같은 슬로건을 정해서 구체적으로 어떤 것에 착수할지 설명한다. 그 내용을 모두 경영계획서에 기록해서 언제든 읽을 수 있게 한다. 경영 비전이나 경영 이념처럼 회사의 뿌리에 해당하는 내용은 사장이 직접 명문화해서 직원들에게 열심히 말해주어야 한다. 무엇을 위해 회사가 있는가, 회사의 존재 의의와 가치, 사장의 인생철학 따위는 기회가 있을 때마다 이야기하고, 또 문장으로 정리하면 직원들과 공통 의식을 갖게 된다.

다만, 다른 데서 베낀 듯 번지르르한 단어의 나열로는 직원들의 공감을 사기 어렵다. 또 사장 자신의 말과 행동이 일치하지 않으면 직원의 신뢰나 존경도 얻을 수 없다. 목표를 명문화해서 주위에 공표하려면 나름 각오를 해야 한다. 자신을 분발시키기 위해서라도 반드시 도전해보기 바란다.

나 자신을
돌아보다

나는 7년에 걸쳐서 시코쿠에 있는 사찰 88개를 방문하는 순례 길을 경험했는데, 이 길은 시코쿠 해안선을 따라 시계 방향으로 크게 한 바퀴 돌며 이어진다. 사찰 88개소를 찾아보겠다고 마음먹은 것은 대표이사에 취임한 2004년 봄의 일이다. 회사 대표로서 마음가짐과 앞으로 내 삶을 바로 보고 싶다는 생각에 사찰 88개소를 돌아보겠다고 마음먹었다. 이것을 통칭 '도보 순례'라고 하는데, 시코쿠 4현(도쿠시마현德島縣 · 가가와현香川縣 · 에히메현愛媛縣 · 고치현高知縣)에 흩어져 있는 사찰 전부를 도는 총 거리는 약 1,200킬로미터에 이른다.

　　각 사찰을 찾는 것을 순례의 독특한 표현으로 '친다'라고 부른다(친다는 말은 에몬 사부로가 자신이 구카이空海를 찾고 있다는 것을 구카이에게 알리기 위해 절에 패를 박은 데서 유래한다. 과거에는 사찰을 찾아 참배하고 경전을 바친 증거로 자신의 이름을 쓴 목재나 금속제 패를 산문山門이나 본당의 기둥에 못으로 고정시켰으나 현재는 사찰의 건축물 손상을 피하고 이동 편의성을 고려해 책자에 도장을 찍어준다). 첫 번째 사찰인 료젠사靈山寺에서부터 88번째 사찰인 오쿠

보사大窪寺까지 순서대로 도는 것을 '준우치順打ち', 반대로 88번 사찰부터 거꾸로 도는 것을 '사카우치逆打ち', 한꺼번에 88개소를 모두 도는 것을 '도시우치通し打ち', 몇 번에 걸쳐서 조금씩 돌면서 일주하는 것을 '구기리우치區切り打ち'라고 부른다.

나는 준우치와 구기리우치로 시작했다. 매년 황금연휴 때마다 순례를 떠나 7년 만에 겨우 88번째 사찰에 도착했다. 88개 사찰을 모두 도는 것을 '게치간結願'이라고 하는데, 나처럼 걸어서 모든 사찰을 도는 경우는 그렇게 많지 않다고 한다. 이 체험을 통해서 나는 세 가지 복된 만남을 얻었다.

첫 번째는 나 자신과의 만남이다. '이너보이스inner voice'라고도 부르는, 내 안의 목소리에 귀를 기울일 좋은 기회를 얻은 것이다. 하루 10시간 이상 걸어야 하므로 자문자답하면서 깊이 생각할 시간을 충분히 가질 수 있었다. 때때로 '나는 왜 이 일을 할까'라는 생각이 솟아나기도 했다. 걸음을 멈추고 쉬고 싶은 욕망을 억누르며 한 발자국이라도 더 나아가려고 했다. 그때마다 다양한 갈등이 싹텄다.

두 번째는 많은 사람과의 만남이다. 나처럼 순례를 하는 사람들을 만나면 서로 인사를 나누고, 같은 숙소에 묵으면 술 한잔 주고받으며 자신이 겪은 순례 체험담도 꽃피우고 때로는 인생 문답도 했다. 이런 체험은 내 인생의 귀한 재산이 되었다. 또, 시코쿠에는 지금도 '보시'라는 풍습이 남아 있다. 현지인은 순례하는 사람을 발견하면 '차 한 잔이라도 보시하겠다'며 집으로 초대한다. 과일이나 과자, 때로는 새전(신불에 참배할 때 올리는 돈)을 건네주기도 하고, 현지 유력자나 독지가가 무상으로 식사와 숙박을 제공하기도 한다. 나도 따뜻한 환대를 여러 번 받았는데, 그 다정함에 마음마저 깨끗하게 씻기는 느낌이었다.

세 번째는 시코쿠의 풍요로운 자연과의 만남이다. 지팡이에 매단 방울소리를 벗 삼아 혼자 산길을 걷노라면 새소리, 우거진 나무들의 녹음, 길가에 핀 이름 모를 풀과 꽃의 아름다움을 오감으로 받아들인다. 황량한 일상에서는 깨닫지 못한 황홀할 만큼 멋진 자연의 모습에 진심으로 감사하는 마음과 경외심을 품었던 것이다.

나는 살아 있구나, 눈에 보이지 않는 무엇인가가 나를 지탱해주고 있구나 하는 느낌에 가슴이 벅차올라 눈물이 멈추지 않은 적도 있었다. 7년 동안 모든 사찰을 돌 수 있었던 것은 아내와 부모님을 비롯한 가족들의 이해와 많은 친구의 따뜻한 응원 덕분이었다. 이처럼 경영자는 때때로 업무를 떠나 자신을 돌아볼 시간이 필요하다. 경영자가 되고 몇 년쯤 시간이 흐르면 처음 다짐했던 각오가 사라지고 마음이 해이해진다. 타성에 젖어서 경영하면 눈 깜짝할 사이에 회사는 쇠퇴한다. 자신의 행동을 판단하려면 정기적으로 자신에게 재투자하는 시간을 마련해야 한다.

평소에 책을 읽거나, 강연을 듣거나, 아니면 청소 같은 봉사에 힘쓰거나, 식견을 넓혀서 인덕을 쌓는 시간을 만드는 것이 중요하다. 나는 어려서부터 책을 좋아했고 지금도 시간을 내서 책을 읽으려고 한다. 최근에는 경영에 도움이 되는 비즈니스 서적도 보지만, 원래는 역사적 인물이나 사건을 소재로 한 작품을 좋아했다. 그 시대를 상상하면서 도요토미 히데요시나 도쿠가와 이에야스는 어떤 인물이었을까, 사카모토 료마는 무슨 생각을 하고 어떻게 행동했을지 골똘히 생각하면서 책을 읽으면 상상력과 사고력이 생긴다. 결단을 내리는 장면에서도 '료마라면 어떻게 했을까'라고 생각의 가지를 뻗다 보면 판단을 내리는 데 좋은 실마리를 찾기도 한다.

나이를 먹어도 끊임없이 배우면 꾸준히 성장할 수 있다. 하지만 배움을 그만둔 순간 사람은 성장을 멈춘다. 최근 99세에 모모야마가쿠인대학에 다니는 무라카와 노부카쓰가 화제가 된 일이 있다. 그는 국제정치사와 국제법을 수강하는데 일주일에 두 번, 전차와 버스를 갈아타고 오사카시 히가시나리구의 자택에서 오사카부 이즈미시의 캠퍼스까지 편도 2시간 가까이 걸려서 다닌다는 이야기에 고개가 숙여졌다. "103세, 105세가 되어도 계속 청강생으로 남고 싶다. 세상에는 알고 싶은 것이 정말 많다"고 말하는 그의 기사를 읽고 감탄했다. 이런 이야기를 들으면 '뛰는 놈 위에 나는 놈'이라는 속담이 떠오르며 고개가 숙여짐과 동시에 용기도 솟아난다.

"오늘 하루도 잘 부탁합니다"

경영자는 회사의 매출을 늘리는 것, 정확히 말하면 이익을 많이 내서 회사를 유지하는 것이 책무다. 돈이나 숫자를 소홀히 하면 회사는 유지될 수 없다. 나는 현금 유동성을 확보하기 위해 현금흐름경영(현금자산 증가를 중시하는 경영)을 실행하고, 무차입 경영, 무담보 경영, 현금 거래, 이 세 가지를 목표로 노력했다. 경영자가 늘 자금 융통에 골머리를 썩는 것만큼 힘들고 쓸데없는 일도 없다. 돈은 쓰기는 쉽지만 모으기는 정말로 어

194

려워서, 참으로 민감한 생물이라는 생각도 든다.

돈은 제대로 써야만 의미가 있다. 나는 세상이나 남에게 도움이 되거나 꼭 필요한 일에는 아낌없이 돈을 쓰지만 일상생활은 소박하고 검소하게 할 것을 명심하고 있다. 중소기업 경영자 중에는 회사의 이익이 전부 자기 것이라고 착각하는 사람도 있다. 호화로운 저택에 살고 고급 차를 몰면서 미술품을 사들이는 사람도 있지만, 나는 그런 일에는 추호도 관심이 없다. 경영자가 회사에서는 구두쇠로 통하면서 낭비한다면 제대로 된 경영을 할 수 없고, 그 반대라면 더욱더 힘들다. 회사나 개인을 위해서 돈을 쓰더라도 쓸데없이 쓰면 안 된다. 세상과 사람을 위해서 쓰는 돈은 '산 돈'이고, 자신의 욕심을 채우기 위해 쓰는 돈은 '죽은 돈'이다.

돈은 그 사람의 노력에 정비례하고 욕심에 반비례해서 모인다고 한다. 기쁘게 일하는 사람은 자연스럽게 돈이 모이고, 욕심을 부리는 만큼 줄어든다. 경영자는 물론 돈을 버는 것이 중요하지만 그렇다고 돈만 추구하다 보면 오히려 일이 잘 풀리지 않는다. 무슨 일이든 늘 감사하고 겸허한 마음으로 살아야 한다.

나는 아침마다 회사에 도착하면 설비, 기계, 도구, 제품 등 모든 물건을 향해서 "감사합니다. 오늘 하루도 잘 부탁합니다"

라고 큰 소리로 인사한다. 아무도 없는 공장과 사무실에서 인사하기 때문에 누가 보면 이상한 놈이라고 생각할지 모른다. 하지만 나는 사물에도 영혼이 있다고 믿는다.

차를 탈 때도 아침, 저녁으로 반드시 고개를 숙여서 인사한다. 특히 장거리를 달리고 난 뒤에는 "오늘 정말로 수고했습니다, 긴 거리를 무사히 달려주어서 고맙습니다"라고 자동차를 어루만지면서 인사한다. 나는 미쓰비시자동차의 파제로를 타는데, 전에 타던 자동차는 16년 동안 30만 킬로미터를 달렸다. 자동차 정기검사를 통과하지 못해서 부득이하게 바꾸어야 했는데, 그 자동차와 헤어질 때는 나도 모르게 눈물이 났다. 게다가 내가 이렇게 일을 계속할 수 있는 것은 건강한 신체 덕분이다. 건강하다는 것에 항상 감사하고, 건강한 신체를 주신 부모님께도, 몸을 돌봐주는 아내에게도 늘 고맙다.

고마운 마음은 그저 속으로 묻어두지 말고 자꾸만 표현해야 한다. 가토제작소의 최대 직원 교육은 효도다. 매년 4월 21일부터 5월 20일까지를 효도 기간으로 정해서 효를 적극적으로 행하라고 권장한다. 첫 월급으로 부모님께 선물을 사드렸다고 보고하는 신입 사원도 있었다. 나도 아버지 생신에는 가족 모임을 열어서 감사하는 마음을 쓴 편지를 드린다. 편지로 근황

196

을 전하는 것도 멋진 효도다.

나는 장인께도 날마다 엽서를 쓴다. 처음에는 조금 어색했지만 매일 쓰다 보니 이제 익숙해졌다. 내용은 주로 아이들 이야기나 날씨 이야기 등 평범하지만 어쨌든 소원해지기 쉬운 장인을 안심시키거나 감사하는 마음을 표현하기 위해서 계속하고 있다. 2012년 12월에는 하루 한통씩, 1년 동안 신세를 진 31명에게 엽서를 보냈다. 섣달그믐날에는 함께 사는 부모님께도 감사의 엽서를 보냈다.

그런가 하면 5년 전에는 신세 진 사람 중에서 10명을 골라 은혜를 갚기 위해 직접 찾아간 일도 있다. 신세를 진 사람이라고 해서 꼭 도움을 받은 사람만이 아니라 심한 말로 관계가 서먹해진 사람도 포함된다. 그분의 심한 말에 자극을 받아 더 잘하고자 노력하게 되었기 때문이다. 그런 이야기를 엽서에 "그때 정말 고마웠습니다. 덕분에 지금의 내가 있습니다"라고 써서 감사하는 것이다.

오랜만에 만나서는 서로 "그때 하신 말씀이 큰 도움이 되었습니다", "아닙니다. 저야말로 심한 소리를 해서 미안했습니다"라고 사과도 하고 옛날이야기로 이야기꽃도 피웠다. 만난다는 사실만으로도 반가워서 눈물을 흘린 사람도 있었다. 마지

197

막에는 기분 좋게 헤어졌기 때문에 역시 결심하고 만나러 가길 잘했다고 진심으로 생각했다.

사실 나고야에서 대학을 다니는 아들에게도 매일 엽서를 보낸다. '답장은 되었으니까 읽고 버리지나 마라'고 써서 그런지 아들에게 답장을 받은 적은 없다. 설령 지금은 아무것도 느끼지 못하겠지만 언젠가는 부모의 마음을 이해할 날이 올 것이라고 믿는다. 아내에게는 예전에 '아내의 좋은 점 베스트 100'을 써서 액자에 넣어 선물한 적이 있다. 아내는 언제나 나를 지탱해주는 존재이자 좋은 조언자다. 내가 초조해하면 '얼굴에 다 쓰여 있다'고 가르쳐주는 사람도 아내다.

지금까지 부부 사이가 악화되어서 회사가 도산한 중소기업의 패턴을 수없이 많이 보면서 나는 원만한 부부 관계가 회사 경영을 성공시키는 필수조건이 아닐까 생각했다. 아내의 장점이 많아서인지 100개로 추리자니 반년이나 걸렸다. 하지만 글로 정리하면서 아내에 대한 생각이 달라졌다. 내가 지금까지 아내를 잘 몰랐다는 사실을 깨달았고, 제대로 보려고 들지 않으면 보이지 않는 부분도 많다는 것을 알았다.

아버지께는 '아버지의 좋은 점 베스트 100'을 84세 생신 때 선물했다. 이번에는 아내와 딸의 도움을 받아서 완성했다.

"과거와 남은 바꿀 수 없지만 미래와 나는 바꿀 수 있다"는 말이 있다. 확실히 맞는 소리다. 다른 사람의 흠을 들추어서 '저 녀석 때문에 나까지 일이 꼬인다'며 모든 일을 남의 탓으로 돌린다면 제대로 되는 일이 없을 것이다.

인정은 남을 위해서 베푸는 것이 아니라는 말이 있다. 상대방의 좋은 점을 찾아서 감사하는 마음을 표현하면 그 인정이 돌고 돌아서 결국은 내게 돌아온다는 뜻이다. 늘 감사하는 마음을 잊지 않고 살면 일도 인생도 반드시 발전되어 더 큰 행복을 끌어들일 것이다.

제6장

평생
현역으로
사는
법

일을 해야
몸과 마음이 건강하다

'꼭 일이 아니어도 봉사를 하면 사회에서 소외되지 않는다.'
이렇게 생각하는 사람도 많다. 실제로 은퇴한 뒤에 봉사활동을
하는 사람도 많다. 청년해외협력단의 시니어 부분에 지원해서
개발도상국에서 기술을 가르치는 분도 있다. 이런 분의 이야기
를 들으면 머리가 절로 숙여진다. 하지만 봉사는 몇 년씩 계속
하기 어렵다. 돈이 오가지 않는 봉사는 도움을 주는 쪽이나 받
는 쪽이나 마음이 느슨해지기 쉽다. 그러나 돈을 주고받으면

긴장감이 생겨서 오히려 만족감이 더 크지 않을까 생각한다.

선진국에서 개발도상국에 정수장을 만들어주는 사례가 있다. 가난한 사람들에게 도움이 될 거라고 생각해서 하는 일이지만, 뜻밖에도 쓸모없이 그대로 방치되는 경우가 많다고 한다. 일방적으로 베푸는 도움은 그들의 생활 속에 깊이 침투되기 어려운 법이다. 그래서 최근에는 'BOP 비즈니스'라는 시도가 주목을 받고 있다. BOP란 Base of the Pyramid의 약자로, 소득이 가장 낮은 층을 타깃으로 한 비즈니스를 말한다. 저소득층이라도 선뜻 구입할 수 있는 상품을 판매해서 지역 주민의 건강을 증진시키거나 새로운 고용을 창출하는 등 선진국 기업의 이익도 추구하고 동시에 저소득층 생활수준 향상에도 공헌할 수 있는 비즈니스 모델이다.

수질정화제조 기업인 일본 폴리글루의 BOP 비즈니스가 좋은 예다. 방글라데시에 회사를 세운 폴리글루는 현지 주민이 독립한 판매자나 관리자가 되어 적극적으로 비즈니스를 전개할 수 있게 돕는다. 판매자는 이 회사 제품으로 물을 정수하고, 그것을 여기저기 배달해서 돈을 번다. 처음에는 돈을 내고 물을 사먹느니 차라리 더러운 물을 마시는 편이 낫다고 생각하던 지역 주민들도 현지 직원의 대면對面 판매로 마침내 제품을 신뢰하게 되었다고 한다. 7년에 걸쳐서 방글라데시 전역으로 비즈니스를 확장하고 있다.

해외봉사가 아니라 지역 회사에 취직해서 돈을 벌려면 정해진 시간에 출근하고, 맡은 일을 해야 한다. 실수를 하면 야단을 맞기도 하므로 나이 많은 노인이라도 회사의 일원이라는 책임감을 느끼지 않을 수 없다.

우리 회사의 실버 직원 중에는 "납기일에 맞추어야 한다는 생각에 하루 80~100개를 만들어요. 잔업이 없으니 최대한 시간 안에 끝내야 하지요. 멍하니 있을 틈이 없어요. 그만큼 일에 집중하게 됩니다"라고 말하는 분도 있다. 역시 삶에는 약간의 긴장이 필요하지 않을까? 자기가 좋아하는 취미만 즐기면서 사는 것도 재미없다. 일을 하면서 받는 적당한 스트레스 덕분에 취미를 즐기는 시간이 한층 달콤하고 즐거운 것이다.

실버 직원인 모리 마사히로는 어느 날 갑자기 우리 회사를 찾아와서 "일을 하게 해달라"며 직접 담판을 지은 적극적인 분이다. 그는 전차 운전사였다. 국철(당시)의 증기기관차 기관사였고, 증기기관차가 사라진 뒤에는 전기기관사와 전차 운전사를 경험했으며 마지막으로 신칸센新幹線도 운전했다고 한다. 퇴직한 뒤에는 밭농사나 지으며 살 생각이었지만, 은퇴를 코앞에 둔 58세에 느닷없이 위암 선고를 받고 위를 모두 적출했다. 두 번째로 얻은 목숨은 신이 준 선물이라 여기고 퇴원한 뒤에는 등산을 시작했고 체력을 기르기 위해 체육관도 다녔다.

그런데 뭔가 부족했다. 어느 날, 집에서 쉬고 있는데 벨소리를 들었다. 그것은 학교에서 울리는 벨소리가 아니라 우리 회사에서 시각을 알리는 신호 벨소리였다. 그 소리에 이끌리듯 우리를 찾아와 일하게 된 것이다. 그는 모든 일이 낯설었지만 '이거 참 신기하다. 이런 세계도 있구나' 하면서 업무에 빠져들었다. 처음에 담당한 스팟 용접에서 그는 자동차 문 부품을 맡았다. 처음에는 익숙지 않아 자주 불량품을 만들어냈지만, 2년 동안 담당하면서 용접사 자격증도 취득했다.

작업을 하면서 한 단계 한 단계 발전해나가는 만족감도 크지만, 일을 통해서 친구를 사귀게 된 것도 큰 기쁨 중 하나다. 그는 일을 마치고 귀가하는 길에 동료들과 노래방에 자주 들른다.

"은퇴하면 좀 편하게 지내야 하는 게 아니냐는 말을 자주 듣습니다. 하지만 실제로 그렇게 사는 사람은 별로 없을 겁니다. 예전 직장 동료들도 연금만으로는 살기에 빠듯해서 취미생활은 즐기기 어렵다고 하더군요. 그래도 일하는 사람은 많지 않아요. 절반 조금 넘는 정도죠. 일자리가 적은 이유도 있지만, 이

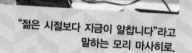
"젊은 시절보다 지금이 알찹니다"라고
말하는 모리 마사히로.

것저것 따지지 말고 좀더 적극적으로 도전해야죠. 인생은 60부

터니까요. 일하면 돈도 벌 수 있고, 또 좋아하는 것도 할 수 있

습니다. 취미를 가져도 좋고요."

스즈키 스스무와 스즈키 이쓰코는 부부다. 남편인 스즈키

스스무는 내 아버지 대부터 일한 최고의 숙련공이고, 아내인

스즈키 이쓰코는 결혼 후에 계약직으로 일을 하기 시작했다.

207

그녀는 "남편은 요통이 악화되었을 때도 무리해서 일했어요. 늘 가슴이 조마조마해요. 하지만 직장에서는 역시 안색이 달라져요. 그야말로 상사의 표정이 된다니까요"라며 자랑스럽게 남편에 관해서 말한다. 그렇게 말하는 그녀 역시 집에 있을 때와는 사뭇 표정이 다르다. 출근할 때는 화장도 하고 옷매무새도 단장하므로 생활하는 데 자극이 된다고 말한다.

"허리뿐만 아니라 무릎도 고장 났지만 일하는 게 정말 좋아요. 어쩌면 재활이 되는 건지도 모르겠어요. 다닐 수 있을 때까지 다니고 싶습니다. 일을 하면 술맛도 더 나지요"라며 스즈키 스스무는 밝게 웃는다.

은퇴한 뒤에 집에 틀어박혀서 지내는 노인이 많다. 하루종일 집에 있으면 세상에서 소외되고, 아무런 자극도 받지 못한다. 멍하니 텔레비전을 보며 지내는 것보다 하루 몇 시간이라도 밖에 나가서 일하는 편이 건강에 좋지 않을까?

"미래에 대한 희망과 꿈을
잃었을 때 늙는다"

철학자 카를 힐티Carl Hilty, 1833~1909는 『행복론』에서 "가장 어리석은 자는 늙기 전부터 양로원에 은둔하거나 요양원에서 사는데, 건강까지도 망치는 것이 보통이다. 건강은 오직 일로만 얻을 수 있다"고 말했다. 맞는 말이다.

내 아버지도 늘 "병원 같은 곳에는 가면 안 된다. 병원에서는 멀쩡한 사람도 환자 취급해서 일일이 시중을 들어주니 손 하나 까딱 안 하게 되고, 밖으로 나가질 못하니 날이 추운지 더운지, 계절이 오는지 가는지도 모르지. 그렇게 살면 바보가 된단다. 병에 걸린 것 같으면 차라리 일하는 게 나아"라고 말했다.

아버지는 지금 84세인데 다리와 허리는 몹시 약해지셨지만 여전히 출근해서 보이지 않는 곳에서 회사를 돕고 있다. 어머니도 지금 81세인데 경리를 맡고 있다. 두 분 모두 큰 병 없이 건강하다. 그렇다면 가토제작소의 실버 직원들은 어떨까? 실버 직원들에게 나타난 가장 큰 변화는 '색'이다. 처음에는 검은색 옷을 입은 사람이 많았다. 노인이 입을 법한 수수한 복장이다. 그런데 차츰 흰 옷도 입고, 파랑이나 빨강 같은 화려한 색의 옷도 입게 되었다. 특히 여성의 변화가 두드러져서, 청바지는 물론 가죽점퍼를 입고 출근한 분을 보았을 때는 정말이지 깜짝 놀랐다. 또 갓 입사한 무렵에는 맨얼굴이던 할머니가 화장을 하게 되었다. 머리 모양도 눈에 띄게 아름다워졌다.

역시 집에 있을 때는 아무도 봐주는 사람이 없기 때문에 화장도 하지 않고 머리 모양도 신경 쓰지 않았는데, 사람들을 만나면서 외모에 신경을 쓰게 된 것이다. 그리고 멋을 부리면서 더욱 생기가 넘치게 된 것이 아닐까 생각한다. 목소리도 일을 시작한 무렵에 비하면 완전히 달라졌다. 처음에는 작은 목소리로 말하던 분이 몇 달 지나자 친구와 밝게 농담을 주고받았다. 그런 모습을 보면 나까지도 에너지를 얻는 기분이다.

가토제작소에는 함께 근무하는 부부가 몇 쌍 있다. 앞에서 말한 스즈키 부부처럼 남편이 원래 직원이었고, 아내가 결혼한 뒤에 계약직으로 근무하기 시작해 지금에 이른 부부도 있고, 은퇴 후 떠났다가 다시 돌아온 부부도 있다. 무라모토 부부도 그중 하나인데, 아내인 무라모토 미요코는 내가 사거리에서 신호를 기다리고 있을 때 만났다. 슈퍼에 다녀오던 그녀는 가토제작소에서 실버 직원을 모집한다는 것을 알고 다시 일하고 싶다고 부탁했다. 남편인 무라모토 리이치도 반년 동안 핼로워크에서 일자리를 찾았지만 구하지 못하다가 우리가 노인 고용 모집수를 늘릴 때 응모했다.

두 사람은 근무시간도 다르고 하는 일도 다르기 때문에 직장에서는 거의 마주칠 기회가 없지만, 집에 돌아가면 그날 있었던 일들을 서로 이야기한다고 한다. 다만 불평은 말하지 않고 재미있었던 이야기만 하는 모양이다. 그 이야기를 듣고 참 좋은 부부라고 감동했다. 오랜 세월을 함께 산 부부는 말이 없어지고, 그로 인해 이혼까지 하는 경우도 많다. 하지만 함께 일하면 공통의 화제가 생겨서 대화가 막힐 일이 없다. 부부의 삶에 좋은 자극이 되어 언제까지나 젊게 살 수 있는 것이다.

우리 회사에서는 실버 직원끼리 결혼하는 일도 있었다. 그야말로 제2의 청춘을 맞이한 것이다. 진정한 의미에서 행복을 잡았다는 사실에 나도 기뻤다. 또 병에 걸린 실버 직원도 있었는데, 복귀해서 일하고 싶다는 열망이 있어서인지 더 악화되지 않았다. 이미 여러 사람이 병을 극복하고 돌아와서 병에 걸리기 전보다 힘차게 일하고 있다. '병은 마음에서 비롯된다'는 말을 증명이라도 하듯이.

'늙는다'는 말은 과연 무엇일까? 사람은 미래에 대한 희망과 꿈을 잃었을 때 늙는다고 생각한다. 그것은 특히 시력에서 제일 먼저 나타나는데, 눈만큼은 거짓말을 하지 않는다. 사는 보람을 느끼며 매진하는 사람의 눈동자는 반짝반짝 빛이 난다.

최근 내가 우려하는 것은 일본의 많은 젊은이에게 꿈과 희망이 없다는 점이다. 나는 노인이 증가하는 것보다 나라 자체의 활력, 젊은이의 힘없는 눈동자, 노화하는 국가가 큰 문제라고 생각한다. 무엇보다 일본이라는 나라가 젊음을 되찾는 것이 중요하며, 그러기 위해서는 젊은이의 힘뿐만 아니라 베이비 붐 세대(1947~1949년 출생)를 비롯한 노인의 힘도 필요하다. 노인이 활기차게 일한다면 분명 젊은이도 자극을 받을 것이다.

은퇴는 인생의 결승선이 아니라 반환점이다

실제로 실버 직원들은 모두 명랑하고 도덕심도 높다. 역시 일이라는 행위가 어느 정도 정신력을 유지하는 데 도움을 준 것이 아닐까? 집단 속에서 생활하고, 게다가 일을 맡으면 책임을 져야 하기 때문에 자신의 마음을 다스리게 되는 것 같다. 서로 나누는 이야기도 필연적으로 업무에 관한 것이 많아 과거의 추

212

억뿐만 아니라 현재의 이야기도 많아진다. "돈을 모아서 남편한테 작은 트럭을 선물해주고 싶다"며 미래의 소망도 이야기한다. 적극적으로 사고하게 되는 것이다.

그런 노인의 모습에 젊은이는 저절로 존경의 마음을 갖게된다. 이처럼 서로 존경하게 되면 세상의 비참한 뉴스도 틀림없이 훨씬 줄어들 것이다. 젊은이들끼리만, 노인들끼리만 뭉쳐 지내면 골만 점점 깊어질 뿐이다. 함께 일할 자리를 만든다는 것은 세대의 울타리를 치워버리는 일이기도 하다. 서로 좋은 직장 동료가 되고, 때로는 경쟁자도 될 수 있다. 평생 현역으로 일하려면 역시 자신의 재능을 펼칠 수 있는 일자리가 필요하다.

아직도 세상에는 69세에 회의 통역자로 활약하는 여성, 84세의 해녀, 91세의 피아니스트 등 현역에서 활약하는 사람이 많다. 64세의 발레리나인 모리시타 요코도 유명하다. 최근에는 75세의 구로다 나쓰코가 아쿠타가와상을 받아서 화제가 되었다(구로다 나쓰코는 『ab산고』로 2013년 제148회 아쿠타가와상을 수상했다). 프로의 자부심과 실력을 지닌 사람이라면 나이와 상관없이 인정받는다.

70대와 80대의 현역 정치가도 많다. 텔레비전 토론 프로그램에 나와 날카로운 설법으로 야당을 압박한다거나 선거 연설에서 목소리를 높이는 모습을 보면 '노익장이란 바로 저런 것'이라며 혀를 내두르게 된다. 60대는 은퇴하기에 아주 이른 나이다.

흔히 은퇴를 인생의 결승점이라고 말하지만, 나는 오히려 인생의 반환점이 아닐까 생각한다. 앞으로의 인생은 스스로 디자인해야 한다. 지금까지는 마음 편하게 사회가 놓아준 레일 위를 달렸다면 이제는 스스로 개척해가는 수밖에 없다. 이런 모습을 젊은이들에게 보여주는 것이 노인의 임무가 아닐까?

60대도
청년이다

매년 실시하는 실버 직원과의 면담 때 몇 분이 "이제 슬슬 실버 직원의 정년을 정하면 어떨까요?", "평생 일해달라고 말해주는 건 기쁜 일이지만, 사람마다 그만두는 나이가 다르지 않게, 두 번째 은퇴 시기는 일률적으로 70세로 정하면 어떨까요?"라고 제안했다. 사실 회사 쪽에서 정해야 할 문제인데 오히려 직원들에게 등 떠밀린 꼴이었다. 하지만 70세가 넘어도 일하고 싶은 직원도 있을 것이고, 실제로도 있었다.

어떻게 할까 잠시 생각하다가 "그러면 일단 두 번째 은퇴 시기를 70세로 정하더라도 70세에 곧바로 퇴사하는 것이 아니라 최대 2년 동안 유예 기간을 두고, 그 기간에 스스로 은퇴할 시기를 정하는 방법은 어떨까요?"라고 내가 제안했다. 그러자 다들 흔쾌히 받아들였다.

현재 가토제작소에서 일하는 실버 직원 중에는 70세 이상이 50명이나 된다. 다들 영원히 일하고 싶어 하지만 여기에서도 고령화가 진행되어, 새로 들어온 분들에게 바통을 넘겨줄 때가 다가오고 있는 것 역시 사실이다. 실버 직원들 사이에서도 "한 살이라도 젊은 사람이 좋다"는 말이 나오고 있다. 실버 직원에게는 60대도 청년이다. 60대 직원이 입사하면 여기저기서 "역시 젊군. 팔팔하네", "피부 결이 달라"라며 속삭인다.

나는 60세 이상인 분들을 '노인'이라고 부르는 것에 늘 거부감이 들었다. 그래서 사내에서는 '럭키맨Lucky Man'이라는 말을 쓴다. 이 말에는 가토제작소에서 일하는 모든 사람이 행복해지길 바라는 마음도 담겨 있다. 지금의 60대는 아직 활동할 능력이 있고 건강하다. 확실히 '노후老後'라는 말은 어울리지 않는다. 이제 슬슬 노인의 연령 기준을 높여야 하지 않을까? 어제까지만 해도 현역에서 일하던 사람이 체력이나 능력도 그대로인데, 정년으로 오늘부터 갑자기 직장을 잃는다는 것도 웃기는 이야기다. 기업에서도 숙련공의 기술과 지식은 큰 재산이다.

산토리홀딩스가 2013년 4월부터 65세 정년제를 도입한다고 발표해서 화제가 된 일이 있다. 원래 산토리홀딩스에는 60세 이후에도 일하고자 하는 사람과 1년마다 새로 계약을 맺어서 65세까지 재고용하는 제도가 있었다. 2011년에는 정년을 맞이한 95명 중 82명이 재고용을 희망했고 그중 80명이 채용되었다.

다만 재고용 때는 고용계약이 일단 끝났기 때문에 의욕이 떨어지고 후배와 거리감이 생겼다고 한다. 앞으로 65세 정년제가 도입되면 지금의 1년 연장계약 때보다 임금도 많아져서 인건비 부문에서 연 10억 엔 가까이 비용이 늘고, 신입 사원도 채용한다는데, 대기업이기 때문에 가능한 일이다. 국가가 65세까지의 고용을 확보하고자 각 기업에 의무화하고 있으므로 앞으로는 65세까지 일하는 사람이 늘어날 것이다. 그렇게 되면 정년을 맞이한 나이라고 해서 노인으로 취급할 수 없게 된다.

60세 이상을 노인이라고 정의한 것은 지금부터 반세기 이전의 이야기였고, 당시 일본인의 평균수명은 63세이고 여성은

216

67세 정도였다. 대략 평균수명을 넘긴 사람을 '노인'이라고 보았던 것이다. 앞으로는 적어도 75세나 80세는 넘어야 노인이라고 할 수 있고, 60대는 현역 세대로 인식하는 편이 좋다. 나는 70세 이상을 '골드 세대'라고 부른다.

2011년 일본인의 평균수명을 보면 남성이 79.44세, 여성은 85.90세다. 슬슬 본격적인 '인생 90시대'가 눈앞에 다가온 것이다. 이렇게 되면 65세에 은퇴한다고 쳐도 20년 이상을 더 살아야 한다. 시간으로 치면 20만 시간이나 된다. 이는 근속 40년의 노동시간보다도 많다. 20만 시간의 자유를 어떻게 보낼 것인지는 모든 이에게 어려운 문제다.

아무리 나이를 먹어도 '오늘 갈 곳이 있다'는 것과 '오늘 할 일이 있다'는 것은 매우 중요하다. 60세 이상인 분들이 부디 다시 한 번 일어나 일본 경제에 활력을 불어넣어 주었으면 좋겠다. 취직과 결혼을 하고 이제 자신의 제2, 제3의 인생을 찾아서 씩씩하게 걸어가기를 바란다.

노인층의 양극화,
어떻게 대처할 것인가?

제1장에서도 이야기했지만 일본은 저출산 고령화가 진행 중이기 때문에 노인도 사회를 지탱해야 한다. 온 국민이 사회를 떠받치지 않을 수 없는 상황이 된 것이다. 지금의 현역 세대는 국민연금으로 한 달에 1만 4,980엔의 보험료를 내고 있다. 연금제도가 시작된 1961년 무렵에는 100~150엔을 냈고, 1975년이 지난 무렵에 1,000엔대가 되었다. 1만 엔을 넘어선 것은 헤이세이시대(1989년~)에 들어와서부터이므로 현재 연금 혜택을 받는 세대는 사실 낸 돈 이상을 연금으로 받는 셈이다. 그야말로 현역 세대의 보험료로 먹고산다고 해도 과언이 아니다.

반면 현역 세대가 처한 환경은 상당히 심각해서 35세의 연간 수입이 10년 전보다 100만 엔이나 줄었으며, 승급승진의 문도 한층 더 좁아졌다. 게다가 구조조정으로 일자리를 잃은 사람도 많다. 사회가 이렇게 저출산 고령화의 늪에 빠질 줄 그 누가 예상이나 했을까? 그러나 아무리 한탄해도 연금 수급액은 줄어들고 보험료 부담은 늘어난다. 이대로 간다면 지금의 젊은이는 앞으로 현재의 생활을 유지하는 것조차도 힘들 것이다.

218

애초에 국민연금 체계에 결함이 있어서 이런 사태가 빚어진 것이지만, 국가는 그것을 수정할 이유가 없으므로 국민이 지혜를 모아서 해결하는 수밖에 없다. 국가에 의존하는 것이 아니라 스스로 살아남겠다는 강한 의지가 필요하다. 연금제도를 손보지 않는다면 이를 유지해줄 노동력이 반드시 필요하다. 다시 말해 은퇴한 뒤에도 일을 놓지 말아야 하고, 노인도 현역으로 계속 일해야 한다는 뜻이다.

　나는 예전부터 노인 고용이 일석이조의 해결 방안이 될 것이라고 생각했다. 첫째, 노인 자신에게 득이 된다. 연금을 받을 수 있는 범위 내에서 일하면 수입도 생기고, 일을 해서 자신이 다른 사람에게 필요한 존재이며 도움도 된다는 기쁨을 느낄 수 있다. 둘째, 회사에도 득이 된다. 귀중한 현장 작업자로서 주말에도 일을 해주고, 기술 보유자로서 젊은 기술자를 육성하면서 기술 계승에 공헌한다. 셋째, 지역에도 득이 된다. 은퇴하고 나면 일하고 싶어도 일할 곳이 없는 현실에서 고용의 장을 제공하는 것은 지역에 큰 도움이 된다. 이것은 또 지역 활성화로도 이어진다.

　노인 고용은 일본 3대 상인 중 하나인 '오우미 상인近江商人'의 '산포요시三方よし(파는 사람도 좋고, 사는 사람도 좋고, 세상도

좋음'사고와 일치한다고 자부한다. 지금까지 많은 노인을 만나면서 느낀 것은 그들은 사회와 관계를 맺을 방법을 찾고 있고, 아직 현역으로 일할 수 있다, 자신은 아직 할 일이 남았다고 생각한다. 기회만 있으면 완전히 다른 분야라도 겁내지 않고 뛰어들 용기도 있었다. 흔히 노인은 변화를 싫어한다고 생각하지만 전혀 그렇지 않다. 오히려 젊은이보다 호기심도 왕성하다. 이처럼 멋진 분들을 만나면서 나 자신도 많은 힘을 얻었다.

가토제작소에서 노인을 고용한 지 어느덧 12년이라는 세월이 흘렀다. 최근에는 정년 연장, 연금 감소, 생활보호비 삭감, 의료비 부담 증가 등 노인 주변의 환경이 시시각각 변하고 있고, 앞으로도 더욱 힘들어질 것이 명백해졌다. '아베노믹스'로 경기가 회복될 것이라고 떠들썩하지만 지방이 혜택을 입는다는 예상은 하기 어렵고, 노인에게는 더더욱 소원한 이야기다.

덧붙여서 노인 간호 문제도 있다. 회사의 실버 직원 중에도 90대 부모를 시설에 맡기고 한 달에 한 번 면회를 다니는 분이 있다. 시설에 맡기는데도 돈이 들고, 도우미에게 부탁하더라도 요양보험으로 충당이 안 되는 경우도 있다. 노인에게도 돈은 절실한 문제인 것이다. 실제로 최근 새로 들어온 실버 직원은 대부분 풀타임 근무를 희망한다. 더불어서 지금까지는 정

노인들도 기회만 있으면 완전히 다른 분야라도
겁내지 않고 뛰어들 용기가 있다. 오히려 젊은이보다 호기심도 왕성하다.

시근무만 했지만 잔업을 청했을 때 응해주는 분도 많다. 이것만으로도 큰 변화라고 할 수 있다.

이러한 점으로도 노인과 현역이 거의 비슷하게 일하는 것이 당연한 시대가 되었다는 것을 알 수 있다. 지금까지 실버 직원은 돈보다 보람을 느끼고 싶어서 일했다. 하지만 이제는 그 축이 돈 쪽으로 옮겨가고 있다. 그럴 수밖에 없는 것이다. 노인의 저축액은 현역 세대보다 많아서, 일본 내각부에서 발행한 『2012년 고령사회백서』에 따르면 65세 이상의 저축액이 평균 2,257만 엔으로, 전 세대 평균인 1,664만 엔보다 많다. 다른 한편에서는 65세 이상의 생활보호대상자수가 매년 증가해서 2009년에는 69만 명에 달했는데, 이는 65세 이상 인구 중 2.37퍼센트에 해당하는 수치로 전체 인구에서 차지하는 생활보호대상자 비율 1.31퍼센트보다 높다. 요컨대 노인 세대에서도 양극화가 진행되고 있다는 이야기다.

현역 세대는 저축액은 적지만 당분간 일해서 버틸 수 있다. 그렇지만 노인은 일하려고 해도 일할 수가 없다. 은퇴 시기와 연금 수급 시기까지 시간차가 생기면 그동안 저금을 헐어서 생활해야 한다. 생활보호를 받고 싶어도 주택이나 자동차 매각을 권유받는 경우가 있어서 포기하는 노인이 많다. 저축액이 많은 노인을 중심으로 생각하기보다는 저축액이 적은 노인에게 눈을 돌려야 한다.

가토제작소에서 현역으로 일하는 실버 직원(제1세대)은 종래대로 시간제 근무자로 계속 고용하고, 이후 조건이 다양하게 달라진 신新 실버 직원(제2세대)부터는 종일제 고용을 원칙으로 해야겠다고 생각하고 있다. 가능하면 희망자 모두 70세까지 계속 고용하고, 한 발 더 나아가 75세까지는 충분히 고용할 수 있다는 생각도 하고 있다. 월급도 올려주어야 할 것이다. 다만 앞으로는 노인이 일할 곳이 늘어날지도 모르겠다.

은퇴 시기가 미루어지면 노인이 일할 회사를 선택하게 될 가능성도 있다. A사가 월급이 더 좋다, B사는 근무시간에 융통성이 있다는 식으로 자신에게 맞는 조건을 따져서 일하게 되는 것은 매우 바람직한 일이다.

초고령 사회를 극복하는 길

일본은 세계에서 가장 빨리 고령화 사회에 들어선 나라다. 중국과 한국도 일본의 뒤를 이어서 빠른 속도로 고령화가 진행되고 있다. 미국이나 독일 등 다른 나라도 완만하기는 하지만, 고령 사회를 향해 가고 있어 바야흐로 전 세계가 일본의 동향을 주목하고 있다. 일본에서 노인을 행복하게 만드는 하드웨어와 소프트웨어를 정비한다면 그것을 일본의 큰 장점으로 키울 수 있다. 만화나 게임을 수출하듯 고령자용 비즈니스도 수출할 수 있다면 세계에서 승부할 만한 산업이 될지도 모르는 일이다. 다만 대충 해서는 안 된다.

초고령 사회를 눈앞에 두고 있는 지금, 사회 자체도 바뀌어야 하는 것은 틀림없는 일이다. 사람은 변화를 싫어하는 동물이지만, 이미 사회가 크게 달라졌다는 사실을 깨닫고 분명히 인식하는 것에서부터 개혁은 시작된다. 은퇴할 때 비로소 자신이 늙었다고 실감하는 사람이 많다고 한다.

아무리 멋진 직함을 갖고 있어도 회사를 떠나는 순간, 더는 주위에 사람들이 모여들지 않는다. 특히 일본의 비즈니스맨은 조직 속에서 직함으로 일하는 경향이 크기 때문에 회사를 떠나는 순간 그 사람에게서 얻을 수 있는 이점이 사라졌다고 생각하는 것이다.

은퇴한 뒤에도 회사에서 대접받던 습관을 버리지 못한 사람이 지역 모임에 나가서 위압적 태도를 취하거나 '차를 내오라'고 명령하는 바람에 주위 사람에게 미움을 샀다는 이야기를 심심치 않게 듣는다. 그래서 사적으로 교류할 장을 잃어버렸다는 것이다. 이런 이야기를 들으면 슬프다.

애초에 정년은 사회의 풍조와 회사의 형편으로 정한 것이고, 물러날 때는 자신이 정하는 것이 옳다. 옛날에는 제2의 인생이니 여생이니 해서 나름 즐거움도 있었고 시간을 보낼 곳도 있었다. 지금은 여생을 즐기는 것이 녹록지 않다.

예전에 노인건강교실에서 진행자가 "자, 손을 잡으세요"라고 이야기하자, "나는 어린애가 아니다"라며 참여하지 않는 노인이 있었다는 기사를 신문에서 본 기억이 난다. 확실히 우리 사회에는 노인을 어린애 취급하는 풍조가 있다. 이래서는 노인이 쌓아온 사회 경험과 지식이 단절되어 결국 사회도 큰 손실을 입는다.

2011년 동일본 대지진 발생 후, 나는 여러 번 피해 지역을 방문해 두 눈으로 참혹한 현실을 똑똑히 보았다. 1995년의 한신·아와지 대지진 때도 고베시 나가타구를 비롯해 지진 피해 지역을 찾아 자원봉사를 했다. 이런 경험을 통해서 느낀 것은 일본인의 강인함과 일본인의 저력이었다.

동일본 대지진을 계기로 긍지를 되찾은 분이 많지 않을까? 일본은 반드시 부활한다. 나도 그렇게 믿고 있고, 일본에는 그만한 저력이 있다. 과장된 표현일지 모르지만, 노인 고용은 내가 일본의 재생을 위해서 해야 할 과제 중 하나라고 생각한다. 생명은 바통 터치와 같다. 내 생명이 다음 세대에 이어지고, 다음 세대의 생명이 또 그다음 세대에 이어진다. 지금 내가 다음 세대의 생명을 위해 무엇을 할 수 있을지 생각해서 내 생명을 아낌없이 쓰는 것이 곧 인생의 임무라고 생각한다. 미래를 위해서 지금 할 수 있는 일을 제대로 하는 것. 이것이 바로 내가 잘 살았다는 증거다.

그러기 위해서 경영인은 직장에서 일하는 직원과 그 가족이 물심양면으로 행복하도록 '좋은 회사'를 만들고, 또 앞으로 200년, 300년 이어질 회사를 만들어야 한다. 가토제작소의 경영 비전은 일본 제조업의 주춧돌이 되는 것이다. 작은 돌멩이 같은 주춧돌이지만 지렁이도 밟으면 꿈틀할 정도의 기개를 나와 모든 직원이 품고 있다.

우리가 열심히 하면 일본의 제조업이 부활해서 일본은 다시 건강해질 것이다. 이런 믿음으로 나는 어떻게든 국내에서 제조업을 계속할 생각이다. 기업은 일하고 싶어 하는 60세 이상

226

의 분들에게 어떻게 일자리를 제공해야 할까? 먼저 기존의 틀에 사로잡히지 않은 자유로운 발상으로 새로운 노인 고용의 이상적인 방식을 만들어내야 한다. 이때 중요한 것은 언제든, 누구든 일단 받아들일 것, 그리고 나서 그들을 어떻게 활용할 것인지를 생각한다는 점이다. 이처럼 '인간을 중시하는 일본 경영'이야말로 본격적인 초고령 사회를 극복하는 유일한 길이다.

건강한 60세 이상인 분들은 자신이 가진 지식과 기술을, 현역 시절 업무의 틀을 뛰어넘어 어떻게 살릴 것인지, 어떻게 일할 것인지를 앞으로 남은 인생의 최대 과제로 삼아서 궁리하기 바란다. 땀 흘리며 즐겁게 일하는 것이야말로 삶 그 자체이고 기쁨이라는 사실을 실감하기 바란다. 기업과 노인 모두, 앞으로 어떤 시대가 열리든 희망을 잃지 말고, 밝은 사회를 만들기 위해 손잡고 나가야 한다. 가토제작소는 앞으로도 이 길을 계속 정비해나갈 생각이다.

**60세 이상만
고용합니다**

ⓒ 가토 게이지, 2014

초판 1쇄 2014년 10월 13일 찍음
초판 1쇄 2014년 10월 17일 펴냄

지은이 | 가토 게이지
옮긴이 | 이수경
펴낸이 | 이태준
기획 · 편집 | 박상문, 안재영, 박지석, 김환표
디자인 | 이은혜, 최진영
마케팅 | 박상철
인쇄 · 제본 | 제일프린테크

펴낸곳 | 북카라반
출판등록 | 제17-332호 2002년 10월 18일

주소 | (121-839) 서울시 마포구 서교동 392-4 삼양E&R빌딩 2층
전화 | 02-486-0385
팩스 | 02-474-1413
www.inmul.co.kr | cntbooks@gmail.com

ISBN 978-89-91945-71-5 03320
값 13,000원

이 도서의 국립중앙도서관 출판시도서목록(CIP)은 서지정보유통지원시스템 홈페이지
(http://seoji.nl.go.kr)와 국가자료공동목록시스템(http://www.nl.go.kr/kolisnet)에서
이용하실 수 있습니다. (CIP제어번호: CIP2014027818)